BUSINESS STRATEGY

事業戦略策定ガイドブック

理論と事例で学ぶ戦略策定の技術

坂本雅明 MASAAKI SAKAMOTO

同文舘出版

はじめに

　小学生の頃，読書感想文が苦手だった人は多いと思います。かくいう著者もその一人で，「〇〇がおもしろかった」というような，断片的な感想を書き連ねていた記憶があります。

　数年前にある大学の教育学部の先生に聞いたのですが，読書感想文には型があるそうです。はじめにその本を選んだ理由を書き，次にあらすじを書く。そして，最も印象に残った箇所を説明し，最後は自分の体験に当てはめて話を展開した上で，今後どうしたいのかで締めくくる。つまり，読書感想文と言いながら，本のことではなく自分自身のことを書くのです。私の世代は，そうした作法は習っていませんでした。知っていれば，国語の点数がもっと良くなったのにと思った次第です。

　企業の中でも同じようなことが起きています。組織や事業を任され，戦略を考えなければならない状況に直面したとします。戸惑う人も少なくないでしょう。なぜならば，どのように検討し，何をアウトプットすればよいのかを，習っていないからです。

　こうした問題に対して，事業戦略を策定する"技術"を伝えることが本書の役割です。どのようなプロセスで策定するのか，各ステップではどの情報をどう検討をするのか，そして中間・最終成果物として何をアウトプットするのかという，いわば戦略策定の型を説明しています。

　もちろん，型にはデメリットもあります。型通りでは創造的な読書感想文は書けないでしょうし，良い戦略も策定できません。事業特性や置かれた状況によって，検討方法やアウトプットが変わるからです。

　とはいうものの，型は知っておくべきです。伝統芸能の世界には，「型破り」と「形無し」という言葉があります。型を習得した人がそれを破るのが「型破り」であり，型を習得せぬまま自己流で進めることを「形無し」と言うそうです。本書で型を学んだ上で，ぜひそれを破っていただければと思います。

本書は，首都大学東京大学院ビジネススクールでの授業「戦略経営Ⅰ」をもとにしています。2012年度から非常勤講師として出講する機会をいただき，本書執筆時で5年目になります。受講いただいた方々に鍛えていただき，おかげさまで毎年30名近くの社会人学生に受講いただけるまでになりました。

　授業および本書が意図している対象層は，戦略の策定方法を学びたいビジネスパーソンや学生であり，戦略論を学びたい人ではありません。

　誤解のないように申し上げますが，本書では正しい戦略論は学べません。戦略論の多くはそれ自体で完結しており，他の戦略論との相互作用にはあまり踏み込みません（このことを否定しているわけではありません。実証研究では変数を減らさなければならないからです）。しかし戦略策定に応用する場合には，様々な理論を関連付けて使うことになります。複数の理論が重なり合う部分は整理しなければならず，漏れている部分は補う必要もあります。また，実証済みの理論だけでは漏れを補うことはできないため，実務的な検討手法にも頼っています。本書には，こうした加工が施されています。

　本書は多くの方々のご支援・ご協力の賜物です。一橋大学のMBAで学んだ戦略論やビジネスエコノミクスなどの授業からは本書のコンテンツに関する多くのヒントをいただき，東工大の博士課程は徹底的に理屈で考え抜く習慣を授けてくれました。また，首都大学東京大学院の社会人学生やクライアント企業の方々とのディスカッションによって，本書に実践的な厚みを加えることができました。

　同文舘出版の青柳裕之氏と大関温子氏には，前著に引き続いて，適切なアドバイスと献身的なサポートをいただきました。この場を借りて，御礼申し上げます。

2016年6月

坂本　雅明

本書の構成

　首都大学東京大学院ビジネススクールでは，事業戦略策定領域を図表に示す5つのモジュールに分けて授業を組み立てています。これに準じて，5部構成にしました。なお，授業ではこれ以外に実行計画，収支計画，リスクマネジメントも扱っていますが，本書では割愛しています。また，企業戦略（複数の事業を抱える企業のコーポレート機能が策定する戦略）は，本書が対象とする領域ではありません。

　この5つは最も基本的なものであり，またそこで使われる理論や分析ツールも，基本的なものを厳選しています。戦略論の研究なら別ですが，実務的にはシンプルに考えることが大切だと思っているからです。

　ちなみに，本書における戦略の定義は，これまたシンプルに「平均以上の利益を上げる（一時的ではなく中期的に）方法」としています。

[図表] 本書の構成

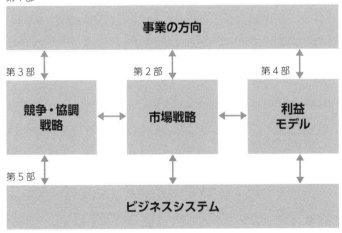

各部は，学習効果を考えて概ね次のような順序にしています。

①**クイズ**：授業では，様々な企業事例を取り上げて双方向のディスカッションをしています。本書でのそのディスカッションを再現することはできないため，冒頭のクイズに代えました。問題意識を醸成するためでもありますので，本文を読む前にぜひお取り組み下さい。答えは本文のどこかに書かれています。なお，様々な解答が考えられる中で，そのすべてを説明することはできないことをご容赦ください。

②**検討方法・理論・事例**：各戦略を策定するための方法と，その背景となる理論を説明します。理解を促すために，できるだけ多くの企業事例を紹介しています。最新事例を期待されるかもしれませんが，必ずしも最新であることが良いわけではありません。鮮度を意識しつつも，基本的には抽象的な説明を具体的にイメージするのに適するかどうかで選定しています。結果として古い事例も載せています。

③**補足説明**：実際の戦略検討では，様々な場面でつまずくことになります。これまでの授業や研修，コンサルティングの経験から，多くの人がつまずきがちなポイントはある程度わかっています。そうしたポイントと，ちょっとした勘所を説明します。

④**ケーススタディ**：頭で理解することと，実際に使うことは異なります。学んだことをアウトプットするためのケーススタディを作成しました。5つのモジュールを一貫して検討できるケースは，本書の大きな特徴です。なお，クライアント企業に対するコンサルティングでは，この後に実際の事業を題材にした検討をしています。読者の皆さまも，ぜひご自身の事業についても検討してみてください。

目 次

第1部 事業の方向

第1章 環境分析と事業アイデアの検討

Quiz —————————————————————————— 4

1 儲けるための2つのアプローチ —————————————— 6

    1-1 強みを活かす **6**
    1-2 機会に乗じる **7**
    1-3 2つのアプローチと事業成果 **8**

2 事業の方向の検討方法 ————————————————— 9

    2-1 機会と強みの一致点を探す **9**
    2-2 強みを軸にした検討 **9**
    2-3 機会を軸にした検討 **11**

3 環境情報の解釈方法 ————————————————— 13

    3-1 情報を取捨選択する **14**
    3-2 ギャップを見つける **15**
    3-3 脅威と弱みを逆手に取ることも **17**

4 仮説検証による検討 ————————————————— 18

5 事業アイデアの定義方法 ———————————————— 18

コラム 1-1　PEST 分析　**21**

コラム 1-2　市場環境分析　**23**

第 2 章　事業コンセプトの評価と決定

Quiz ———————————————————————— **28**

1　事業コンセプトの評価フレーム ———————— **30**

2　事業コンセプトの評価方法 ———————————— **32**

2-1　市場環境から評価する　**32**

2-2　競争環境から評価する　**36**

2-3　自社能力から評価する　**40**

3　情報の収集・分析方法 ——————————————— **41**

3-1　定量的に把握する　**41**

3-2　情報を足で稼ぐ　**43**

3-3　意思決定バイアスに注意する　**43**

4　事業コンセプトの決定 ——————————————— **44**

5　事業目標の設定 ———————————————————— **45**

コラム 2-1　業界の収益性を決める 5 つの力　**48**

ケーススタディ：生地商社（1）　事業の方向の検討 ———— **51**

第2部 市場戦略

第3章　差別化戦略の策定

Quiz ——————————————————————————— **70**

1 基本戦略 ——————————————————————— **72**

 1-1　差別化　**72**
 1-2　コスト・リーダーシップ　**73**

2 顧客の選択 —————————————————————— **74**

 2-1　顧客選択の意義　**74**
 2-2　ペルソナをつくる　**76**

3 差別化要素の検討方法 ————————————————— **77**

 3-1　価値曲線と検討ツール　**77**
 3-2　価値要素の検討と現状分析　**79**

4 競合・市場分析 ———————————————————— **81**

 4-1　競合の特徴を分析する　**81**
 4-2　顧客のニーズを分析する　**82**

5 差別化要素の決定 ——————————————————— **85**

  コラム 3-1　ポジショニングマップと無差別曲線　**87**
  コラム 3-2　ジョブ・マッピング　**89**

第4章　状況別の差別化戦略

Quiz ———————————————————— 94

1 差別化要素の状況別検討方法 ———————— 96

1-1 市場ポテンシャルから考える　96
1-2 シェア構造から考える　99
1-3 基本的価値の充足水準から考える　101
1-4 意思決定者から考える　102
1-5 順序を考える　103

2 捨てる価値要素の検討方法 ———————— 104

2-1 過剰品質を是正する　104
2-2 トレードオフを見つける　105

ケーススタディ:生地商社(2)　市場戦略の策定 ———— 109

第3部　競争・協調戦略

第5章　競争戦略の策定

Quiz ———————————————————— 122

1 競争戦略とは ———————————————— 125

2 競争戦略の検討フレーム ———————————— 125

3 競争・協調戦略の検討方法 ———————— 126

4 競争戦略の主要パターン ― 129

4-1 相手の交渉力を弱める　130
4-2 相手の動きを封じ込める　132
　コラム 5-1　スイッチングコスト　136

第 6 章　協調戦略の策定

Quiz ― 140

1 協調戦略とは ― 142

2 協調戦略の検討フレーム ― 143

3 協調戦略の主要パターン ― 144

3-1 競合企業と協調する　144
3-2 供給業者・買い手と協調する　148
3-3 補完的生産者と協調する　150

4 協調戦略の成功要因 ― 151

4-1 相手を見つける　152
4-2 相手の戦略を分析する　153
4-3 相手にメリットを与える　154
4-4 相手の領域に踏み込まない　154
4-5 相手と歩調を合わせる　155
　コラム 6-1　オープンかクローズドか　157

ケーススタディ：生地商社（3）　競争・協調戦略の策定 ― 160

第4部 利益モデル

第7章 経済性の概念整理

Quiz ——————————————————————— **170**

1 経済学における高収益性パターン ——————— **172**

2 規模の経済性 ——————————————— **173**

    2-1 規模の経済性が生じる理由　**173**
    2-2 規模の不経済　**174**

3 範囲の経済性 ——————————————— **175**

    3-1 範囲の経済性が生じる理由　**175**
    3-2 シナジーの幻想　**177**

4 密度の経済性 ——————————————— **179**

    4-1 需要の密度　**179**
    4-2 生産拠点の密度　**180**

5 ネットワーク外部性 ————————————— **180**

    5-1 利用者による付加価値　**181**
    5-2 供給業者による付加価値　**181**
    5-3 先行者優位　**182**

第8章　利益構造の選択

Quiz ——————————————————————————— 186

1　販売量か価格プレミアムか ——————————— 188

1-1　販売量と価格プレミアムとのトレードオフ　**188**
1-2　事業特性から考える　**189**

2　固定費型か変動費型か ——————————————— 192

2-1　固定費型と変動費型とのトレードオフ　**192**
2-2　事業特性から考える　**194**
2-3　固定費負担を削減する　**195**

第9章　マネタイズ方法の検討

Quiz ——————————————————————————— 202

1　"利用"に対して対価を受け取る ———————— 204

2　"成果"に対して対価を受け取る ———————— 206

3　"他の人"から対価を受け取る ————————— 207

4　"関連商品"で補塡する ———————————————— 209

5　"アフター・消耗品"で補塡する ——————— 210

6　"アップグレード"で補塡する ————————— 211

ケーススタディ：生地商社（4）**利益モデルの検討** ——— 215

第5部 ビジネスシステム

第10章 ビジネスシステムの設計

Quiz —— 222

1 内部化・外部化の検討 —— 224

1-1 "効率"から考える　226
1-2 "効果"から考える　228
1-3 "整合"から考える　228
1-4 "学習"から考える　230

2 業務特徴の選択 —— 231

2-1 業務の最適な組み合わせを考える　232
2-2 業務上のトレードオフから選択する　233

3 外注先との取引スタンスの検討 —— 234

3-1 市場取引　235
3-2 戦略的提携　235

4 業務間フィットの検討 —— 236

| ケーススタディ:生地商社(5) | ビジネスシステムの設計 —— 240

索引　245
人名・企業名・商品名索引　248

事業の方向

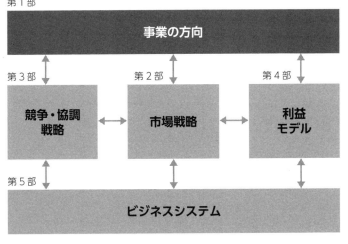

第 1 章
環境分析と事業アイデアの検討

戦略策定の第一歩は，事業の方向を決めることです。そしてそれは，儲かる方向でなければなりません。本章では，収益性の高い事業アイデアを模索するための環境分析方法と，そのアウトプット様式を説明します。同時に，より適切な検討をするための手順にも触れます。

Quiz

● **Quiz1.1　捕鯨業者**

　A社は捕鯨業者です。A社の社長兼船長には，その日に鯨がいそうな海域を的中させる類まれな能力があり，かつてはかなりの漁獲高を誇っていました。

　しかし，海外の反捕鯨国の圧力によって，日本では調査捕鯨しか行えなくなってしまいました。A社でも，近隣海域には鯨はたくさんいるにもかかわらず，一定量しか捕鯨できなくなりました。反捕鯨の流れは日本にも伝播し，特に若い人は鯨は「食べるもの」ではなく「観賞するもの」と考えるようになってきました。このように捕鯨に対する風当たりは一層強くなっています。かといって，A社には鯨以外の漁業能力はありません。A社は，今後どうすればよいでしょうか。

● **Quiz1.2　ミニスーパー**

　B店は地方の商店街に立地するミニスーパーです。同じようなミニスーパーは商店街に数店あります。他のミニスーパーが生鮮食品を満遍なく品揃えしているのに対し，B店はペットフードが充実しているところが特徴です。生鮮食品には特色はありませんが，ペットフードに関しては専門店顔負けの知識量と仕入ルートを持っています。

　いずれのミニスーパーも，これまでは順調に業績を維持してきましたが，来年に商店街内に大型スーパーが出店することになりました。周辺の商店街を含めて，こんな規模のスーパーの出店は初めてのことです。ミニスーパー各社は生鮮食品では太刀打ちできないため，戦々恐々としています。B店は，今後どうすればよいでしょうか。

本文を読む前に，以下のQuizを考えてください。

● Quiz1.3　居酒屋

　C店は居酒屋です。工業団地の近隣にあり，いつも勤め帰りの労働者でにぎわっています。工場勤務者以外の客はほとんど来ないため内装には気を使わず，低価格に徹しています。また，体力の消耗を補ってもらおうと，肉類などボリュームのある料理を中心に品揃えしています。付近の飲食店は居酒屋が数軒あるだけで，どこも同じようなやり方です。

　かつてはどの居酒屋も潤っていましたが，環境が変わりました。工業団地の企業が海外移転を進めるようになってきたのです。その跡地では宅地化が進み，来年には大規模な集合住宅が完成します。ファミリー層という市場が拡大することが期待されますが，C店を含め，既存の居酒屋にはファミリー層向けのメニューや内装，雰囲気づくりのノウハウは全くありません。C店は，今後どうすればよいでしょうか。

● Quiz1.4　文房具店

　D店は文房具店で，老夫婦が経営しています。零細ですが郵政局御用商という既得権益が強みであり，かつてオフィスデポなどの外資の参入によって多くの文房具店が廃業に追い込まれたときであっても，地元郵便局からの注文のおかげで何とか生き延びることができました。

　しかし，郵政公社の合理化政策の一貫として，通販カタログによる文房具の一括購入が進められることになりました。郵便局は地元の文房具店から購入することもできますが，それには正当な理由が必要です。しかし，コンペで決まった通販大手2社の価格表を見ると，なんとD店の仕入価格より低かったのです。また，D店は品揃えなどに特徴があるわけではありません。これでは，地元郵便局も通販カタログを利用せざるを得ません。D店は，今後どうすればよいでしょうか。

事業戦略の策定でまず考えるべきことは，事業の方向です。新事業の策定であればどのような領域で事業を始めるのかであり，既存事業の見直しではどの方向に舵を切るかです。本章では，そのための検討方法を説明します。

1 儲けるための2つのアプローチ

事業の方向は，儲かる方向でなければなりません。通常の利益率ではなく，超過利益を得られる方向です。それがわかれば苦労しないと言う人もいるでしょう。しかし突き詰めていけば，2つの原則に集約されます。

<儲けるための原則>
- 強みを活かす
- 機会に乗じる

1-1 強みを活かす

超過利益の源泉の1つは，企業内部の強みです。

例えばある企業が画期的な事業を始めたり，ニーズに合った新商品を投入したとします。初めのうちは高い価格を設定できますが，やがて競合企業が模倣し始めます。すると価格競争が始まり，超過利益が消されてしまいます。ところが，長期間にわたって超過利益を維持し続けているケースもあります。

わかりやすい例を挙げれば，1990年代のビデオカメラ業界です。当時はソニーとパナソニックが国内シェアを二分していました。そこにシャープが割って入ってきて，あっという間に25％ものシェアを奪い

ました。その理由は明白です。液晶画面を搭載したのです。それまでのビデオカメラには液晶画面が付いておらず，ファインダーからのぞかなければなりませんでした。シャープが液晶画面を付けたことで，操作性が格段に向上したのです。もちろんソニーもパナソニックも，シャープのビデオカメラがヒットした要因はわかっていたはずです。しかし，なかなか類似商品を投入しませんでした。というよりも，投入できなかったのです。というのは，当時，液晶技術が蓄積されていたのはシャープだけだったからです。

　この事例からもわかるように，自社ならではの能力を活かして事業展開ができれば競合企業の模倣を排除することができ，長期にわたって超過利益を得ることができるのです。こうした考えは，リソース・ベースト・ビューもしくは経営資源アプローチ[1]といいます。

1-2　機会に乗じる

　もうひとつの超過利益の源泉は，外的な機会です。

　ある日突然，行列のできる飲食店が突然オープンすることがあります。パンケーキ，熟成肉，高級ハンバーガー，〇〇家系ラーメンなど，その時々で業態は様々です。そうした繁盛店に行ったことのある人も少なくないでしょう。その中には，後から考えれば飛び抜けて美味しいわけでもなく，雰囲気が良いわけでもなかったと感じるお店もあります（もちろん，そうでないお店が大半ですが）。しかし，当時は確かに行列ができていました。理由は簡単です。ブームに乗ったからです。

　つまり，たとえ独自能力がなかったとしても，外的環境が良ければ超過利益を得ることができるのです。好ましい外的環境を見つけ，そこに自社を位置付けるという考えは，ポジショニング・アプローチ[2]という経営理念の中に見いだせます。

1-3　2つのアプローチと事業成果

　図表1-1をご覧ください[3]。利益率の異なる3つの企業が載っています。この中で最も優秀な企業はどれでしょうか。利益率だけから考えるとa社であり，次がc社です。

　では，もう1つの情報を加味して考えてみましょう。a社とc社は，業界自体の収益性が高いα業界に属しています。例えば金融業界や通信キャリア業界をイメージしてください[4]。その中でc社は下位に位置づけられています。一方のb社は，収益性が低いβ業界に属しています。例えば，タクシー業界です[5]。しかし，b社はその中でトップクラスの利益率です。c社とb社は，どちらが優秀でしょうか。

　りんごとみかんを比較するようなものなので答えはありません。ここで伝えたいことは，c社はポジショニング・アプローチで成功したといえること，そしてb社はリソース・ベースト・ビューの観点で優れている可能性があるということです。c社は，αという業界を選択したことが賢かったのです。一方のb社は業界自体が良くない中でも，独自能力を活かしてなんとか努力していることが想定されます。

[図表1-1]　業界・企業と利益率

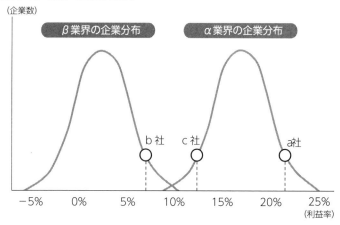

2 事業の方向の検討方法

　2種類のアプローチを統合して事業の方向を検討するフレームが，SWOT分析です。自社の強み（Strength）と弱み（Weakness）をふり返り，また外部環境の機会（Opportunity）と脅威（Threat）を分析し，どの方向に進むのかを決めるものです。冒頭のQuizをSWOTで整理すれば，図表1-2のようになります。

2-1　機会と強みの一致点を探す

　Quiz1.1の捕鯨業者の場合は，ホエールウォッチング事業という方向が考えられます（図表1-2：左上）。「クジラは鑑賞するものと考えるようになってきた」という機会と，「クジラがいそうな海域を的中させる類まれな能力」という強みが上手くマッチしています。
　ただ，このような幸運な例はあまりありません。機会と強みのどちらかを軸に，検討を進める場合がほとんどです。

2-2　強みを軸にした検討

　Quiz1.2のミニスーパーは，強みを活かして活路を見いだす方法を考えるケースです。結論としては，ペットフードに関する独自能力を活かしたペット関連商品の専門店が考えられます（図表1-2：右上）。大型スーパーで生鮮食品を買った帰りに立ち寄ってもらえばよいのです。
　こうした強みを活かしたアプローチは，技術力のある製造業で多く見られます。最近の代表事例としては，今や写真フィルムのイメージが全くない富士フイルムでしょう。デジタルカメラの登場によって銀塩カメラ用フィルムの需要が激減し，世界的な大企業のコダックでさえ倒産し

[図表1-2] SWOTによるQuizの整理

Quiz1.1

《機会》	《脅威》
・鯨を鑑賞したい人が増加	・捕鯨反対の世論

《強み》	《弱み》
・その日に鯨のいそうな海域を的中させる能力	・鯨以外の漁業能力

機会と強みの一致点を探す。

⇩

鯨を探し当てる能力を活かし、また鯨を観賞したいという要望の増大に乗じて、ホエールウォッチングに業態転換する。

Quiz1.2

《機会》	《脅威》
	・商店街に大型スーパーが出店し、客を奪われる

《強み》	《弱み》
・ペットフードの専門知識と仕入れルート	・規模が小さい ・生鮮食品は特徴がない

自社の強みを活かして活路を見いだす。

⇩

総合力では大型スーパーに太刀打ちできないため、ペットフードに関する知識と仕入れルートを活かして、ペット関連専門店に転じる。

Quiz1.3

《機会》	《脅威》
・ファミリー人口の増大	・工場勤務者の減少

《強み》	《弱み》
・工場勤務者向けの店舗作り、メニュー	・ファミリー向けのメニューや内装、雰囲気作り

タイミングを逃さずに機会に乗じる。

⇩

拡大するファミリー層という機会を捉えるために、いち早くファミリー向け店舗に転じる。

Quiz1.4

《機会》	《脅威》
	・郵政公社の合理化政策 ・通販業者の台頭

《強み》	《弱み》
・「郵政局御用商」の既得権益	・価格力のなさ ・品揃え等の特徴のなさ

乗じるべき機会も、活かせる強みもない。

⇩

超過利益は期待できず、撤退も視野に入れるべき。

たような厳しい状況を切り抜けたのは，医薬品や化粧品事業などに多角化したからです。同社ではフィルム事業で培った要素技術を徹底的に棚卸しして，どのような事業に転用できるのかを1年半かけて検討していきました[6]。その結果，例えばフィルム原料を均一化するナノ分散技術は化粧品や医薬品事業に応用され，また製膜技術は液晶ディスプレイ向けのフィルムに応用されていったのです。

● **強みを軸にした検討の注意点**

　このアプローチは思わぬ失敗もあります。その1つは，業界が同じであれば強みも似通うことが多いため，既存の競争関係がそのまま持ち越されるだけになってしまうことです。携帯電話からスマートフォンへの移行事例がまさにこの状況でしょう。日本の携帯電話端末メーカーのほとんどは通信技術とコンピュータ技術を併せ持っていたため，こぞってスマートフォン市場に参入しました。しかし，その市場で成功を収めたといえる企業は，ごく僅かです[7]。

　もう1つの失敗は，強みに固執するあまりに，外的環境変化から取り残されてしまうことです。デジタルカメラへの転換に乗り遅れたポラロイドは，カメラ本体ではなくフィルムで利益を上げるという成功モデルが経営層での支配的考えとなっていたがために，進出が見送られたといいます[8]。環境が大きく変わっていたとしても，それまで成果をもたらしてくれた技術や成功パターンを手放すことはなかなかできないのです。できたとしても，その周辺ビジネスへの進出に留まることが一般的で，飛び地的な事業転換をした富士フイルムは稀な例です[9]。技術や生産設備などに固定的な投資をしている製造業では，この罠にはまりがちです[10]。

2-3　機会を軸にした検討

　機会に着目して方向性を考えるのが，Quiz1.3の居酒屋のケースです。ファミリー層が増加するという機会はあるのですが，それに乗じるため

の強みはありません。しかし，周囲の居酒屋も同じような状況です。それであれば，いち早く参入し，経験を積めばよいのです（図表1-2：左下）。フランチャイズに入るという方法もあります。いずれにしても，能力がないからといって手をこまねいていては，戦略の窓[11]が閉まってしまいます。機会に乗じるアプローチは，タイミングが大切なのです。

　サイバーエージェントは，このアプローチで飛躍を遂げたといえます。今でこそ，インターネット経由のゲームやブログで知られる同社ですが，もともとはインターネット広告の代理店です。インターネットビジネスの成長が加速した頃の2006年に本格参入を決定し，10年間かけて広告代理店事業と同等の規模まで拡大させました。

● **機会を軸にした検討の注意点**

　このアプローチは，環境が変わる度に変わらなければならないという辛さが伴います。常に環境状況に目を向け，変化の兆しを見つけたとしたら，競合他社よりも早くその機会に乗じなければなりません。そのため，固定資産が少ない身軽な商社やサービス業に適しているといえます。また，流行が目まぐるしく変わるアパレル業界や外食業界などでは，このアプローチを意識せざるを得ません。

　もう1つの困難さは，能力を獲得しなければならないことです。しかも成長市場であるがゆえに，逐次的な能力開発ではいつまでたっても存在感を出せません。M&Aで買収しようにも，当然価格が吊り上がっています。

　サイバーエージェントの話に戻すと，広告代理店だった同社の社員のほとんどは営業職で，インターネットビジネスのノウハウもなければカルチャーも全く違いました。初めのうちは社内が大混乱し，ほとんど前進できなかったといいます。そこで社長の藤田晋氏は経営幹部を総入れ替えし，技術者を大量採用し，そして本人も進退をかけて陣頭指揮を執ったのです[12]。もともとインターネットビジネスとして創設されたDeNAやグリーと伍していけるようになるまでには，こうした努力と投

資があったのです。

　さて，Quiz1.4の文房具店はどうでしょうか。何とか生き延びる道はあるかもしれませんが，とても超過利益を得られるとは思えません。廃業も視野に入れるべきでしょう（**図表 1-2**：右下）。

　実はこの４つのケースはすべて実例です（時代背景は古いですが）。そして作成に最も苦労したケースが，文房具店のケースです。手詰まりになるケースを作成することが，こんなにも難しいとは思いませんでした。裏を返せば，ほとんどの場合は活用できる強みがあり，あるいは乗じるべき機会があることを意味しています。

　もちろん，強みを活かしさえすればよいというわけでもなければ，機会に乗じさえすればよいというわけでもありません。強みを活かしたとしても思うように市場が広がらない場合は，潜在顧客にアプローチしたり，あるいは狭い市場の中でも利益を上げる方法を考えなければなりません。また機会に乗じれば，当然競合企業も追随してきます。そうした企業をできるだけ排除し，さもなければそれら企業に打ち勝つ方法を考えなければなりません。そのための戦略は，後工程（第２部第３章以降）で検討します。

3 環境情報の解釈方法

　恐らくSWOT分析は，企業の中で最も利用されている分析ツールの１つだと思います。頻繁に使っているがゆえに，ありがたみを感じられない人もいることでしょう。しかし，1960年代に原型が作られたこのツールが，今でも生き残り続けている意味を考えてみてください。毎年多くのツールが生まれては消えていく中でのことです。リソース・ベースト・ビューとポジショニング・アプローチという２つの理論のエッセ

ンスを先取りした，非常に強固なツールなのです。

とはいうものの，問題がないわけではありません。**図表 1-2** のような 4 つの箱には「SWOT 分析」という名前が付けられているものの，実際は「SWOT の整理」でしかありません。環境情報を整理する 4 種類の切り口を提示してくれているに過ぎず，そこから事業アイデアを発見する方法は，分析者に委ねられています[13]。そのため，分析者の能力によって，結果が大きくばらつくツールでもあります。また，単純なツールであるがゆえに，実際の使用で戸惑うことも少なくありません。そこでより効果的に活用するための，いくつかのヒントを提供します。

3-1 情報を取捨選択する

4 つのケースに簡単に答えられたのは，外部・内部環境が整理されていたからです。通常は，環境情報の収集から始める必要があります。

外部・内部環境を分析するためのテンプレートも存在します[14]。本書では説明を割愛しますが，それらを使って情報を整理すれば，SWOT の 4 象限それぞれに 10 個以上の情報が書き込まれることになるでしょう。しかし，情報量は多ければよいわけではありません。重要なものもあれば，そうでないものもあります。後者は意思決定を惑わすノイズに過ぎません。SWOT 分析に限ったことではありませんが，意思決定の質を高めるためには，情報をフィルタリングすべきなのです。

フィルタリングの基準は，インパクトと発生可能性です（**図表 1-3**）。インパクトとは事業に対する影響の強さであり，これが弱ければ考慮する必要はありません。そして，たとえインパクトが大きくても，発生可能性が低いものもあります。例えば，韓国向けのビジネスをしているとします。本書の執筆時点では朝鮮半島の緊張が高まっていますが，局地的な紛争はあったとしても，2 ～ 3 年以内に全面戦争に発展する可能性は高いとはいえません。全面戦争に突入するという前提で事業戦略を策定すれば，余計なコストを支払うことになったり，機会を逸してしまう

[図表 1-3] 環境情報のフィルタリングフレーム

		インパクト	
		大	小
発生可能性	高	・戦略策定へのインプット情報	・意思決定を惑わすだけのノイズ
	低	・モニタリング項目。兆候が見えたら，対応	・意思決定を惑わすだけのノイズ

ことにもなってしまいます。このようにインパクトは大きいものの可能性が低いものについては，兆候が見えたら対応すべきモニタリング項目とすればよく，現時点では，戦略検討に反映させるべきではありません。なお，環境の不確実性に対応するための戦略策定方法として，シナリオ・プランニングとリアル・オプションの2つがあります[15]。

3-2 ギャップを見つける

収集された情報の中から事業機会を見つけるには，ギャップがヒントになります。そして，そのギャップは2種類あります（図表1-4）。

●市場ニーズと商品・サービスのギャップ

1つ目は，市場ニーズと商品・サービスのギャップです。市場ニーズは時間とともに少しずつ変化します。そして，ある時に既存の商品やサービスでは満たせなくなってしまいます。そこにチャンスがあります。

例えば，複写機業界です。かつては，企業向けにはゼロックスやリコーの大型複合機があり，家庭向けにはキヤノンやエプソンのインクジェットプリンターがあり，それでほぼすべてのニーズを満たしていま

[図表1-4] 機会をもたらす2つのギャップ

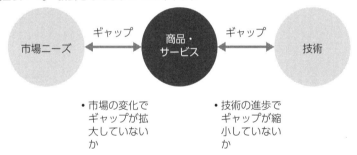

した。ところが，1990年代中頃になると，SOHO (Small Office, Home Office) という働き方が増えてきました。SOHOとは個人もしくは少人数で行うビジネスのことです。そうした人たちにとってはインクジェットプリンターでは物足りず，かといって大型複合機までは必要ありません。そこに目を付けて，SOHO向けの複写機を目ざとく投入したのが，ブラザーでした。

● 商品・サービスと技術のギャップ

もう1つのギャップは，商品・サービスと技術のギャップです。以前は技術が足りなくて実現できなかった商品・サービスでも，技術の進歩でそのギャップが埋まることがあります。つまり，ギャップの拡大ではなく，ギャップを埋める技術の進歩にチャンスを見いだすのです。

例えば，電子書籍です。2007年にアマゾンからキンドルが発売されましたが，実はもっと前から電子書籍は存在していました。1990年にソニーがデータディスクマンを，そして1993年にはNECがデジタルブックプレイヤーを発売しました。恐らく多くの方の記憶に残っていないように，これらはヒットしませんでした。では，なぜキンドルがこれほどまでにヒットしているのでしょうか。もちろん製品性能やコンテンツ量の違いもありますが，注目すべきはインフラ技術の進歩です。ソ

ニーやNECの商品はCDやフロッピーディスクでコンテンツデータを取り込んでいました。とても面倒で,時間のかかる作業です。しかし,キンドルが発売された2007年時点では3GやWi-Fi環境が整備されており,簡単にコンテンツを取り込むことができるようになっていました。求められる商品・サービスはわかっていたものの技術が追いついていなかったのが,技術が進歩することによって事業化が可能になったのです。

3-3 脅威と弱みを逆手に取ることも

　ある脅威が機会になることもあります。同様に,ある弱みが強みになることもあります[16]。抜本的な戦略転換を目指す場合は,脅威や弱みを逆手に取る発想も必要です。

　例えば,紙おむつメーカーにとって,少子高齢化という環境変化は機会でしょうか脅威でしょうか。紙おむつを使用する赤ちゃんが減ることから,脅威だと考えるのが普通でしょう。しかし,高齢者用の紙おむつ市場が拡大するという機会でもあります。実際,介護用をはじめとする大人用の紙おむつ市場は急拡大しており,業界最大手ユニ・チャームの国内販売額では,2013年度に子供用おむつを逆転しました。Quiz1.2も脅威を機会に変えた例です。大型スーパーの出店は確かに脅威ですが,見方を変えれば,周辺の商店街からも買い物客を吸引してくれるというメリットもあるのです。

　一方,弱みを強みに変えた例では,文房具メーカーのプラスが有名です。メーカーにとって流通を押さえていることは間違いなく強みになります。しかし,消費者へ直接販売しようとした途端に,それは弱みになります。プラスは1993年にアスクルという通信販売事業をはじめましたが,これは流通をあまり押さえていなかったがゆえにできたことです。反対に,多くの系列卸や小売店を抱えていた文房具業界のガリバー企業コクヨは,それが足かせになって通販事業への進出が遅れました。

4 仮説検証による検討

　残念ながら，この段階では粗い分析しかできません。事業の方向を決めるための環境分析なのですが，方向性が決まらなければ詳細な環境分析はできないのです。方向性が決まれば，対象とする市場が決まります。そこで初めて市場規模やニーズを調べることができます。あるいは競合企業が特定されるので，競合分析もできるようになります。しかし，方向性が定まっていなければ，どの市場を分析すればよいのかも，どの競合企業を分析すればよいのかもわかりません。

　この段階の分析は，飛行機に乗って空中から儲かりそうな地点を探しているようなものです。詳しく調べるには地上に降り立たなければなりませんが，あらゆる地点に降り立って調べることは不可能です。ではどうすればよいかというと，将棋の羽生善治名人にヒントを見いだせます。同氏は次の一手を考えるに当たり，可能性の高い3手程度に直感的に絞り込みます。そして，それぞれの手についてシミュレーションして，最善の手を考えるそうです[17]。つまり，仮説検証で進めているのです。

　事業の方向の検討でも同じです。まずは時間をかけずに粗い分析をして，儲かる可能性のありそうないくつかの案を考えます。その後に詳細分析によって検証し，最善の方向を決めるのです。回り道をするように思えますが，これが最も効率的な方法です。なお，仮説を検証する方法は，第2章で説明します。

5 事業アイデアの定義方法

　仮説ながらもいくつかの方向性を見いだしたとします。些細なことだ

と思われがちですが，事業の方向の表現方法も重要です。漠然としていては，仮説の検証作業ができません。後工程で，手戻りが発生してしまいます。そうならないように，この段階で，ある程度具体的に定義しなければなりません。以下の3つの要素を盛り込めば[18]，第2章以降の検討に支障を来すことは少なくなります。そして本書では，このように具体的に示した事業の方向を，事業コンセプトと呼びます。

<事業コンセプトの3要素>
- 顧客・市場
- 商品・サービス
- 顧客便益

「顧客・市場」と「商品・サービス」で，誰に何を売るのかを定義します。事業の骨組みともいえる部分です。しかし，これだけでは会社側の論理のみです。商品やサービスを購入する顧客は，それ自体が欲しいわけではありません。セオドア・レビットが言うように，ドリルを購入する人は，ドリルが欲しいのではなく穴をあけたいのです。こうした顧客側の考えを，「顧客便益」に表します。顧客便益こそが事業の肝であり，徹底した検討が必要です。

ちなみにQuiz1.1～1.4の事業コンセプトは，こう定義できます。

- **Quiz1.1**：若者向けに，鯨の鑑賞を提供する，ホエールウォッチング事業。
- **Quiz1.2**：大手スーパーに吸引される買い物客を対象に，ペット飼育上での悩みを解決する，ペット関連商品の専門店。
- **Quiz1.3**：近隣のファミリー向けに，家族全員での団欒を提供する，ファミリーレストラン。
- **Quiz1.4**：廃業して年金生活。

第1章 まとめ

- [ ] 平均以上の利益を上げるアプローチは2つある。1つは強みを活かすことである。競合他社の模倣を避けることができ，高い価格を維持できる。もう1つは機会に乗じることである。有利な外的環境に自社を位置付けることも，超過利益につながる。

- [ ] この2つの原則にもとづいて事業の方向を検討するフレームが，SWOT分析である。機会と強みの一致点を探すことが大切だが，現実的にはどちらか一方を軸に検討する。

- [ ] 強みを軸に検討する場合は飛び地的な事業転換が難しく，環境変化に取り残されてしまう危険がある。機会を軸にした場合は，何と言っても能力獲得が大きな課題になる。短期間で相当の能力獲得努力と投資が求められる。

- [ ] 事業の方向を見いだすための環境分析であるが，方向性が決まらなければ環境分析ができない。方向性が決まらなければ分析すべき市場や競合企業が特定できないからである。そのため，仮説検証で進めることが有効である。まずは粗い環境分析によっていくつかの事業アイデアを考え，次に詳細な環境分析をする。

- [ ] この検証作業での混乱を避けるためには，事業アイデアを具体的に定義しなければならない。少なくとも，顧客・市場，商品・サービス，顧客便益の3つを明確にすべきである。このように表現された事業の方向を，本書では事業コンセプトと呼ぶ。

コラム 1-1　PEST 分析

　マクロ環境を分析する手法の代表例が，PEST分析です（**図表1-5**）。これは，政治（Politics），経済（Economy），社会（Society），技術（Technology）の4つの側面から今後の環境変化を捉え，事業に与えるプラスとマイナスの影響を考えるというものです。なお，「技術」は自社の技術開発動向ではなく，業界全体に影響を与える技術の動向に限定してください。

- 政治：法律の施行や改正，規制の導入や緩和など
- 経済：景気や物価，設備投資動向，為替，金利など
- 社会：人口動態，ライフスタイル，流行など
- 技術：インフラ的な技術の動向，基盤技術の動向など

ステップ1：注視する環境項目の特定

　取り組まれたことのある方なら実感していると思いますが，PEST分析は際限がなく，時間ばかり過ぎ去ってしまいます。この分析で力尽きてしまい，より重要なミクロ的な分析が疎かになってしまう人もいます。

　そうならないように，注視する環境項目をあらかじめ特定しておくことが大切です。業界や企業によって，重要な環境項目は異なります。金融であれば金利や為替動向は必須でしょうし，不動産業であれば都市開発計画は押さえておくべきでしょう。消費者を相手にするビジネスでは，消費者意識やライフスタイルの変化に左右されます。このようなドライバーを特定するのです。

ステップ2：将来動向の予測

　次はそのドライバーの将来動向を予測します。将来動向は2種類あ

ります。トレンドとイベントです。

　トレンドの変化には，方向の変化だけでなく，スピードの変化もあります。消費者の節約志向に拍車がかかるのであればスピードの変化で，高級志向へ転じる場合は方向の変化になります。

　イベントとは，政府政策の導入や規制緩和，鉄道や高速道路の開通，オリンピック開催や大統領選挙のような波及効果の大きな出来事です。野村総合研究所や博報堂が作成している未来年表が役立ちます。

ステップ3：自社へのインパクト検討

　最後に自社へのインパクトを考えます。プラスのインパクトであれば"機会"になり，マイナスであれば"脅威"になります。

[図表1-5]　PEST分析の例

領域	環境項目	将来動向	プラスの影響	マイナスの影響
政治	・○○関連法	・改正××法の2年後の施行		・対応コストの増加
経済	・経済情勢	・アジアの経済成長	・衛生的生活を求める層の拡大	
	・為替	・円高基調	・訪日旅行客の増加 ・輸出競争力の向上	
	・流通	・ドラッグストアの流通内シェア拡大		・高齢者へのアクセス手段の減少 ・納入価格の低下
社会	・人口動態	・国内市場の少子高齢化	・高齢者向け高付加価値市場の拡大	
	・消費者意識	・安全志向	・日本ブランドの競争力向上	・品質保証コストの増加
	・ライフスタイル	・賢い生活，賢い消費		・必要分の購入で，購入数量の減少
技術	・製品・製造技術	・○○測定器の開発	・××技術開発のスピードアップ	・製品差別化機会の減少
	・情報技術	・スマートフォンの普及	・消費者への直接コミュニケーション機会の増加	・ネガティブ情報の拡散

※　トイレタリー業界を想定して作成。
　　記入例を示すことが目的であり，内容は実態を反映しているわけではない。

コラム 1-2　市場環境分析

　PEST分析は網羅的という良さがある反面，企業から遠い環境であるがゆえに，機会を捉えにくいという欠点もあります。より直接的に事業機会を捉えられるものが，市場環境分析です。

　既述の通り，市場分析の基本はギャップを見つけることです。市場の構成やニーズの変化に伴って生じる商品・サービスとのギャップに，新事業や事業転換のヒントが隠されています。

　とはいうものの，変化に気づくことは容易ではありません。少しずつ変化し，変化後の状況が当たり前だと感じていることもあるからです。そのような中で変化に気づくには，視点を新たにしてくれる問いかけが必要です。著者がこれまで分析した企業事例をカテゴライズしたのが，図表1-6です。市場機会を発見するヒントにしてください。

[図表1-6]　市場環境分析の着眼点

着眼点		問いかけ	事例
新規市場	新興市場	・社会環境の変化などによって新たに出現した市場はないか	・電力自由化に伴い，多くの企業が電力小売市場へ参入
既存市場（満足層）	競合の市場	・競合企業が進出して，高い収益性を享受している市場はないか	・当初は様子見をしていた携帯電話メーカーが，iPhoneの成功を見てスマートフォン市場に参入
	代替品の市場	・代替品の市場で，自社が侵食できそうなものはないか	・眼鏡市場をコンタクトレンズが侵食，さらにレーシック手術が侵食
既存市場（不満足層）	過剰品質	・過剰な品質や不要な機能を仕方なく購入している顧客層はないか	・一世代前の技術を使ってアイリスオーヤマや山善がジェネリック家電を販売
	ニーズ未充足	・ニーズが満たされていないが，仕方なく購入している顧客層はないか	・売主・買主両方と同一不動産会社が取引する慣例を破り，ソニー不動産が「片手取引」で参入
未開拓市場	無関心	・購入していない顧客の中で，ちょっとした用途提案で購入してくれそうな顧客層はないか	・視力が弱くない人に対し，JINSはパソコンのブルーライトから目を守る眼鏡を販売

【注】

1 リソース・ベースト・ビューは，エディズ・ペンローズの著書『企業成長の理論』を起源にするといわれている。それまで無機質な生産主体として扱われていた企業を，彼女はリソースの集合体として捉えた。日本では伊丹敬之が「見えざる資産」として発展させた。最近では，ジェイ・B・バーニーの理論が代名詞的になっており，本書では第2章で触れている。

Edith Penrose（1959）*The Theory of the Growth of the Firm*, Basil Blackwell.［末松玄六訳（1962）『会社成長の理論』ダイヤモンド社。］

伊丹敬之（1984）『新・経営戦略の論理』日本経済新聞社。

2 ポジショニング・アプローチは，マイケル・E・ポーターの登場とともに瞬く間に確固たる地位を築いた。なお，本書では市場成長を例に挙げて「好ましい外的環境」としているが，もちろんこれだけではない。青島矢一と加藤俊彦は，それに加えて他社に利益を収奪されない構造的要件が伴わなければならないとしている。そのような有利な構造的要因を持つ業界に自社を位置付けることがポジショニング・アプローチでは大切であり，そのための業界分析モデルが**図表2-3**「5つの競争要因」（49ページ）である。

青島矢一・加藤俊彦（2003）『競争戦略』東洋経済新報社。

3 沼上幹の一橋大学大学院での講義資料をもとに作成。

4 通信キャリア業界にはNTTドコモやau，ソフトバンクが属している。2015年3月期の営業利益率は，NTTドコモが15％，auが16％，ソフトバンクが11％と，3社とも非常に高い収益性を誇っている。

5 上場タクシー会社では，大手でも営業利益率が2～3％台かそれ以下である。第2章で説明するが，利益を上げることが構造的に難しい業界なのである。

6 古森重隆（2013）『魂の経営』東洋経済新報社。

7 こうした失敗は，「社内の他の能力よりも相対的に優れている」という誤った基準で強みを抽出した場合に起こりがちである。「競合他社よりも秀でている」という基準で抽出すべきである。

8 Mary Tripsas and Giovanni Gavetti (2000) Capabilities, Cognition, and Inertia: Evidence from Digital Imaging, *Strategic Management Journal*, 21 (10-11): 1147-1161.

9 特定の強みがあれば事業が成立するわけではない。画期的な技術開発を成し得ながら経済的成果を得られない原因を分析したデビッド・J・ティースは，生産技術や販売チャネルなどの補完的資産の不足を指摘した。飛び地的な事業転換の場合は補完的資産が不足していることが多く，事業化の難易度が高いといえる。

David J. Teece (1986) Profiting from technological innovation: Implications for integration, collaboration, licensing and public policy, *Research Policy*, 15(6): 285-305.

10 このことは，経路依存性と埋没原価から説明されることがある。経路依存性とは，過去の経緯によってその後の方向が決まる傾向である。そしてその要因の1つが埋没原価である。投資をしたのであればそれを活かそうとするインセンティブが働く。ちなみに，本来であれば投下済みの費用は，将来の意思決定で考慮してはならない。投下した資本がもったいないという理由でさらなる投資をしてしまった，超音速旅客機コンコルドの失敗事例が示す通りである。
11 デレック・F・エイベルは，ある戦略の効果がある時期は限られており，「戦略の窓」が閉まった後ではどんなに努力をしてもその効果は得られないと主張した。
Derek F. Abell (1978) Strategic Windows, *Journal of Marketing*, 42（3）：21-26.
12 藤田晋（2013）『起業家』幻冬舎。
13 SWOTの情報から戦略を考える方法として，SWOTクロス分析がある。これは，4象限それぞれの各情報項目を掛け合わせて戦略オプションを考える方法であり，次の4パターンの掛け合わせがある。①「機会×強み」にて強みを活かして機会に乗じる方法を検討する。②「機会×弱み」にて機会に乗じるために開発すべき能力を検討する。③「脅威×強み」にて強みを活用して脅威を回避する方法を検討する。④「脅威×弱み」からは最悪の事態を避ける方法を検討する。ただし，この検討で抽出されるものは施策レベルであり，事業の方向は見いだせない。そのため，この段階でのSWOTクロス分析は，勧めることはできない。
14 外部環境にはPEST分析等が，内部資源にはバリューチェーン分析等がある。PEST分析はコラム1-1「PEST分析」（21ページ）参照のこと。バリューチェーン分析とは，価値を生み出すプロセスのステップごとに（例えば，開発，生産，販売など），競合企業と比較して優劣をつけるものである。
15 古典的な戦略策定方法は，事前に合理的な戦略を策定できるという前提に立っている。しかし，環境変化の正確な予測は不可能である。そのため，事前に環境変化を予測できないことを前提とした戦略策定方法も考案された。代表的なものに，シナリオ・プランニングとリアル・オプションがある。シナリオ・プランニングとは，不測の事態が生じても即座に適切な行動をとれるようにするための手法である。想定外の環境変化自体が悪いのではなく，それまでのメンタルモデルで行動してしまうことを問題視している。具体的には，将来起こりうる複数の環境変化をシナリオとして描くとともに，その環境変化が顕在化した場合に取るべき行動もあらかじめ考えておく。もう1つのリアル・オプションとは，金融商品のオプション取引を事業に当てはめたものである。オプション料を支払って売買する権利を一定期間保持するように，一定のコストや機会損失はあるものの，意思決定タイミングを先送りすることで，より確実な判断をしようというものである。
Kees A. van der Heijden (1996) *Scenarios：The art of strategic conversation*, John Wiley and Sons.［株式会社グロービス監訳，西村行功訳（1998）『シナリオ・プ

ランニング：戦略的思考と意思決定』ダイヤモンド社。]

Thomas E. Copeland and Vladimir Antikarov (2001) *Real options: a practitioners guide*, Texere.［栃本克之訳（2002）『決定版 リアル・オプション：戦略フレキシビリティと経営意思決定』東洋経済新報社。]

16 外部環境にしても内部資源にしても単なる特徴でしかなく，立ち位置によってはポジティブにもなればネガティブにもなる。そうすると，SWOTのどの象限に記載するべきかに頭を悩ませることになる。混乱を避けるためには，「現状の事業にとってどうであるか」という前提で整理するとよい。

17 羽生善治（2005）『決断力』角川書店。

18 デレック・F・エイベルによる「顧客層」，「機能」，「技術」という事業ドメインの3要素を参考にした。「機能」とは満たすべき顧客ニーズのことで，本書では「顧客便益」が相当する。「技術」は「商品・サービス」に置き換えた。これが提唱された時代が製造中心だったのに対して，現代の様々な業種に対応するためである。

Derek F. Abell (1980) *Defining the Business: The Starting Point of Strategic Planning*, Prentice-Hall.［石井淳蔵訳（1984）『事業の定義』千倉書房。]

第 2 章
事業コンセプトの評価と決定

事業の方向は，仮説検証で検討すべきだと前章で説明しました。本章では，既にいくつかの事業コンセプト案がアウトプットされたという前提で，それらの可能性を検証する方法を説明します。同時に，より深い議論をするためのいくつかのポイントにも触れます。

Quiz

● Quiz2.1　難病の治療薬

　インフルエンザやがんの治療薬は開発が進んでいますが，一方で何万人に1人がかかるような難病の治療薬の開発は，なかなか進みません。なぜでしょうか。

● Quiz2.2　スターバックスコーヒー

　スターバックスコーヒーが日本に進出したときに，批判的な反応をする人もいました。主要な駅のすべてにはドトールコーヒーが出店しており，セルフ型コーヒー市場は押さえられていると考えたからです。しかし，ふたを開けてみれば見事に成功をおさめました。なぜ上手くいったのでしょう。

● Quiz2.3　ヤマト運輸

　個人間の荷物の宅配は，かつては郵便局のみしか扱っていませんでした。ニーズがなかったわけではありません。実際に，かなりの市場規模がありました。また郵便局の競争力が強かったわけでもありません。むしろ，その逆でした。それでも当時の民間の運輸会社は，企業間物流は扱うものの，個人間物流は扱おうとしませんでした。なぜでしょうか。

● Quiz2.4　通信キャリアとタクシー業界

　NTTドコモ，au，ソフトバンクが属する通信キャリア業界と，タクシー会社とでは，どちらが収益性が高いでしょうか。また，なぜでしょうか。

本文を読む前に，以下のQuizを考えてください。

●Quiz2.5　液晶テレビメーカー

　日本の液晶テレビメーカー各社は，かつてはかなりの売上台数を誇っていました。特に2003年からの地上デジタル放送の開始から2011年3月末でのエコポイント終了までは，かなりの買い替え需要が発生しました。とはいうものの，素晴らしい利益率を謳歌できていたわけではありませんでした。原因の1つは，液晶テレビ以外の企業に利益を奪われていたことです。どのような企業に利益を奪われていたのでしょうか。

●Quiz2.6　プリンタ付きホワイトボード

　プリンタが付属しているホワイトボードがあります。これは30年ぐらい前から普及し始めたと記憶しています。ホワイトボードに書いたものを書き写す必要がないので重宝しました。では，もしそのようなプリンタ付きのホワイドボードが現時点で存在していなかったとします。そして，あなたの部下がそのような事業アイデアを持ってきました。あなたはどう判断するでしょうか。

●Quiz2.7　デル

　パソコンメーカーのデルは，汎用技術・標準部品を組み合わせる設計思想や，最先端の受注・出荷システムによって，パソコンのトップメーカーになりました。その後，サーバやプリンタ，液晶テレビに進出し，一定の成果を上げています。もし，デルが医薬品や化粧品事業に乗り出すとしたら，業界大手企業と伍していけるでしょうか。

前章では，事業の方向性を検討する方法を説明しました。また，それは仮説検証で進めるべきだということも，説明しました。本章では，仮説として3種類の事業コンセプト案がアウトプットされたという前提で，それを検証する方法を説明します。

1 事業コンセプトの評価フレーム

検証作業に役立つ分析フレームが，3C分析です。これは，市場環境（Customer），競争環境（Competitor），自社能力（Company）の3つの側面から検討するものです。**図表2-1**のようなフォーマットを埋めていくようなイメージをお持ちください。

● **個別に評価する**

3C分析をする上でいくつかのポイントがあります。1つは，3つの側

[図表2-1] 3C分析のフォーマット

		市場環境		競争環境		自社能力
案1： ・・・・・ ・・・・・ ・・・・・ ・・・・	◎	○・・・・・・ ◎・・・・・・ ◎・・・・・・ △・・・・・・	×	×・・・・・・ △・・・・・・ ×・・・・・・	△	○・・・・・・ ×・・・・・・
案2： ・・・・・ ・・・・・ ・・・・・ ・・・・	△	○・・・・・・ ×・・・・・・ ×・・・・・・ △・・・・・・	◎	◎・・・・・・ ○・・・・・・ △・・・・・・ ◎・・・・・・	○	○・・・・・・ △・・・・・・
案3： ・・・・・ ・・・・・ ・・・・・ ・・・・	○	◎・・・・・・ ○・・・・・・ ×・・・・・・	○	○・・・・・・ △・・・・・・ ○・・・・・・ ○・・・・・・	○	○・・・・・・

面それぞれを個別に評価することです。

　例えば，市場が魅力的であれば当然多くの企業が参入し，競争が激しくなります。そう考えると，魅力的とはいえなくなってしまいます。しかし，"分析"とは分けて考えることです。複雑なものを複雑なまま扱ってしまっては，情報処理ができなくなってしまうからです。そのため，まずは３つのＣそれぞれで評価し，その次に統合的に検討します。

●すべてに合格する必要はない

　市場環境が魅力的で，競争も厳しくなく，また自社の能力も適合しているというような事業案はほとんどありません。大切なことは，どの側面が不合格なのかを認識することです。後工程で検討する市場戦略や競争戦略で，それらの欠点を補えばよいのです。

●最後は分析者の判断による

　最も重要なポイントは，点数付けをしてその合計点で選ぶわけではないことです。図表2-1は，議論をするために事実情報を多面的に整理したに過ぎません。3Ｃ分析に限らず，分析ツールはすべて同じです。散在している情報をある切り口で整理したり，ある角度から眺めたり，あるいは利点と欠点を比較できるようにするなど，検討しやすいように整理しているだけです。従って，ツールを使えば自動的に答えが導き出されるわけではありません。整理された情報をもとに分析者が考え，あるいは検討チームで議論して，最終判断を下さなければなりません。分析ツールは，検討や議論を支援するための道具だということを忘れてはなりません。

　さて，以降で３つのＣそれぞれにおける評価項目を説明します。ぜひ，あなたが担当する事業についてイメージしながらお読みください。その方が，理解が深まるはずです。

2 事業コンセプトの評価方法

2-1 市場環境から評価する

　最も重要な判断基準は，市場が魅力的かどうかです。いくら競争が穏やかでも，またいくら自社能力を活かせても，そもそもの市場が存在しなければ事業として成立し得ません。その市場の魅力度は，少なくとも6つの観点から評価してください[1]。前半の3つが量的な評価で，後半の3つは質的な評価です（図表2-2）。

　＜市場環境を評価する6つのポイント＞
- 市場規模
- 市場の成長性
- 未開拓市場
- 支払い余力
- 需要の密度
- 市場の不確実性

●市場規模

　最も基本的な評価項目が市場規模，つまりその商品・サービスを求めている人や企業がどのくらいいるのか，あるいは業界全体でどのくらいの売上が見込めるのかです。初期投資が必要だったり，固定費が大きい場合は，特に市場規模の大きさが不可欠です。例えば，医薬品事業です。創薬には莫大な研究開発費がかかるため，Quiz2.1のような何万人に1人のための治療薬は，なかなかペイしません。もちろん，そのような治療薬の開発にも懸命に取り組んでいることは事実です。ただし，患者数が多いインフルエンザやがんの治療薬を優先するため，投下できる

[図表2-2] 市場評価モデル

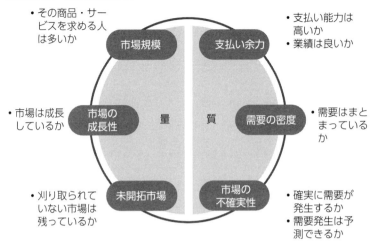

リソースはどうしても限られてしまいます。

なお、市場規模は大きければ大きいほど良いわけではありません。例えば、販売管理費の少なさで有名なアパレル小売のしまむらは、通常必要な商圏人口の半分でも利益を出せるといいます。つまり競合のアパレル小売が出店しない商圏を選ぶことができるのです。また高収益性で有名なエマソンという米国産業機器メーカーは、"小さな池の大きな魚"になれることを、新事業開発や事業買収の基準にしています[2]。市場が大き過ぎては、強力なライバルを呼び寄せることになりかねません。「自社にとって十分成り立つ規模の市場」という観点も必要です。

● 市場の成長性

市場規模が大きくなくても、成長性が高ければ、魅力的だといえます。
例えばミャンマー市場です。1人当たりGDPはASEANで最下位を争っており、マレーシアの10分の1程度しかありません[3]。しかし、2011年の軍事政権崩壊以降、急速に経済改革が進んでいます。平均年

齢が20歳代半ばという若々しさも，今後の成長を予感させます[4]。そのため，多くの企業が競うようにミャンマーに進出しています。競合他社に先駆けて参入し，地盤を固めようとしているのです。

●未開拓市場

いまだ刈り取られていない市場は，大きな可能性を秘めています。上手くいけば，急速な事業展開を見込めます。最近では広島カープがこの市場を取り込んで成功しました。いわゆる"カープ女子"です。野球ファンは刈り取られていたと考えられていましたが，女性という未開拓市場を見つけたのです。

Quiz2.2のスターバックスコーヒーもこのタイプです。日本進出時には，確かに至る所にドトールコーヒーの店舗がありました。しかし，当時セルフ型コーヒーショップに行きたくても行けない人がいたのです。女性やたばこを吸わない人たちです。男性サラリーマンで溢れ，しかも当時は分煙がなされていなかった店には，女性や禁煙者は入りにくかったのです。このような未開拓層を取り込んだことも，同社が成功した要因の1つです。

そして，未開拓市場の大きさを海外進出の基準に据えているのが，ユニ・チャームです。同社は，高所得者世帯が多いにもかかわらず紙おむつの消費量が少ない国に，進出するようにしています[5]。

●支払い余力

市場規模，成長性，そして未開拓市場の存在。この3つが市場の魅力度を規定する大きな要素です。しかし，この3つが良くても，気を付けるべきいくつかの市場特性があります。その1つは，支払い余力です。

確実にニーズがあり，それを求めている人が多かったとしても，お金を支払うことができなければ，魅力的とはいえません。子育てに手がかかる世代よりも，子供が独り立ちしたシニア世代の方が，財布のひもは緩いでしょう。また，途上国を中心とするBOP層（Base of the

Pyramid：所得別人口構成の中の最も低い所得層）には約40億人が該当すると言われていますが，この層を相手にするビジネスで利益を上げることは容易ではありません。

BtoB（企業向けビジネス）では，相手先企業の収益性が鍵を握ります。利益が出ていない企業や業界は，どうしても調達価格にシビアになるからです。

● **需要の密度**

需要がばらついている場合は，提供側にとっては厄介なことになります。例えばQuiz2.3の個人宅配市場です。企業間物流では大口の荷物が出荷されるため，高い輸送効率が期待できます。それに対して個人宅配市場の場合は，多くの荷主からの小口の荷物を集めなければならず，とても面倒です。

このように，供給する側の業務効率を考えることも必要です。

● **市場の不確実性**

予想しにくいことは，マイナスに作用します。カントリーリスクなどはよく聞くでしょう。相手国の政情不安や政策の不透明さは，損失を被る危険を高めます。

Quiz2.3でいえば，決まった送り先に定期的に発送される企業間物流に対して，個人宅配市場はいつどこで需要が発生するかがわかりません。こうした不確実性は，事業をやりにくくします。

また，規制緩和に関する不確実性もありました。トラック事業にはエリアごとに事業免許が必要だったのですが，ヤマト運輸が個人宅配市場に挑戦しようとした1970年代初めごろは，認可が下りるかどうかが運輸省担当者のさじ加減一つだったといいます[6]。いつ認可が下りるかがわからない状況では，事業の準備もままなりません。このような不確実性は，事業上のリスクになります。

2-2　競争環境から評価する

　魅力的な市場があれば，そこに参入して利益を上げることを多くの企業が試みるでしょう。しかし，利益を上げやすい競争環境とそうでない環境があります。競争環境を評価するには，マイケル・E・ポーターが提唱した「5つの競争要因」が参考になります[7]。

　<競争環境を評価する5つのポイント>
- 業界内競争の激しさ
- 新規参入の脅威
- 供給業者の交渉力
- 買い手の交渉力
- 代替品の脅威

　この理論に関する詳しい説明をすることは本書の役割ではありませんので，コラム2-1「業界の収益性を決める5つの力」で若干触れるに留めます。
　なお以降の説明は，ポーターのモデルに準じていない箇所もあります。というのは，このモデルは「業界」の競争環境を評価するものであって，個別企業のそれを評価するものではないからです。個別企業を評価するという目的で解釈し，個別企業の戦略策定にとって重要なものに限定して説明しています。

●業界内競争の激しさ

　競争環境と聞いてまず思い浮かぶことは，競合企業の存在でしょう。5つの競争要因の中で最も重要なものが，業界内競争です[8]。Quiz2.4でいえば，3社しかない通信キャリア業界は，多数の企業が参入しているタクシー業界よりも，競争が緩やかだと判断できます。
　ところが業界内競争が激しいかどうかには，競合企業の数だけでなく，

シェアの拮抗度も影響します。シェアが拮抗しているほど，競争が激しくなります。シェア格差が大きい場合は，すみ分けていることが多いのです。低シェア企業が価格を切り下げても，高シェア企業は追随しないでしょう。奪われるシェアの痛手よりも，値下げによる既存顧客からの利益減の方が痛いからです。モール型の通販サイト最大手の楽天市場に対抗するために，ヤフーショッピングは2013年に出店料を無料にしました。シェア3割の楽天は，当然のことながらシェア6％程度のヤフーの策に追随しませんでした。追随しなかった楽天も，また楽天が追随できない手を打ったヤフーも，理にかなった判断だといえます。

一方で，3社のシェアが拮抗している通信キャリア業界は，この観点から考えれば競争が激しいといえます。どこかが値下げキャンペーンを実施すれば，間髪入れずに他の2社も追随するという現状からもわかるでしょう。

この評価項目では単なる参入企業数を調べるのではなく，何かの手を打った場合にすぐに対抗策を打ち出してくる企業はどのくらい存在し，さらにそれら企業はどのくらいの力があるのかを分析しなければなりません。業界全体の分析も大切ですが，業界内の企業各社を分析することを忘れてはいけません。

● **新規参入の脅威**

業界内競争が緩やかであれば，どの企業も平均以上の利益を得ることができるでしょう。しかし，長続きはしません。新規参入を喚起するからです。もし参入されにくい構造であれば，その収益性を維持することができます。この構造を参入障壁といいます。多額の投資が必要だったり，規制で守られていることなどが相当します。例えば鉄鋼業界など莫大な投資が必要な産業に，そこまでの投資をして参入しようと考える企業は，あまりいないでしょう。

Quiz2.4でも，参入障壁の高さの違いで収益性の違いを説明できます。通信サービスを開始しようとしたら総務省から電波を割り当てても

らわなければなりませんが，当然どんな企業でも割り当ててもらえるわけではありません。一方のタクシー業界は，今でこそやや規制が強化されてきましたが，小泉内閣時代に規制がほぼ撤廃され，参入が容易になりました。

さて，もしあなたの企業が既に参入している場合は，参入障壁の高さは魅力になります。しかし，いまだ参入していない場合は逆にマイナスに働きます。参入障壁の高さはどう評価すべきでしょうか。ヒット・アンド・アウェイ（パンチを打ったらすぐに後退するというボクシングの戦術）のように，儲けたらすぐに撤退するのであれば，低い方がよいでしょう。一方，中長期的な戦略を考えるのであれば，反対の評価になります。誰もが安易に参入できる状況では，たとえその事業に参入できたとしても持続的な超過利益は期待できません。参入障壁が高い方が魅力的だとして，その障壁を越える策を考えるべきです。

● 供給業者の交渉力

競争をしている相手は，同業他社だけではありません。川上に位置づけられる供給業者とも，利益を奪い合っています。もし供給業者の交渉力が強ければ，利益を圧迫されることになります。

そうした状況は，供給される商品・サービスの重要性が高く，しかもそれを供給できる企業が限られている場合に生じがちです。Quiz2.5でいえば，液晶テレビ業界は，液晶材料業界に利益を奪われていたのです。液晶パネルには何種類もの膜が使われています。いずれの膜も特定の材料メーカーが寡占的に供給しているため，液晶テレビメーカーにとってはそこから買わざるを得ないのです。直木賞を受賞し，テレビドラマ化もされた小説『下町ロケット[9]』では，商業用ロケットを開発する帝国重工がキーデバイスをすべて内製化するという方針を掲げていました。これは非常に理にかなっています。

核となる部品やサービスを外部調達せざるを得ず，しかもそれを供給できる企業が限られている場合は，柔軟性の高い事業運営ができないば

かりでなく，利益を吸い上げられてしまう危険が付きまといます。事業運営者にとっては，非常に厳しい環境だと言わざるを得ません。

● 買い手の交渉力

川上との競争があれば，川下との競争もあります[10]。消費者や流通業者との利益の奪い合いです。消費者と利益を奪い合うとは奇異に感じるかもしれませんが，企業側はできるだけ定価販売をしようとし，顧客はできるだけ割引価格で買おうとするのは普通のことです。

Quiz2.5の液晶テレビ業界は，実は川下企業にも利益を奪われていました。具体的にはヤマダ電機です。2011年度のヤマダ電機の売上高は2位のエディオンの2倍以上あり，一人勝ち状態でした。ヤマダ電機に商品を置いてもらうために卸値で譲歩せざるを得ない状況は，想像に難しくありません。このように，ある企業が販売チャネルを牛耳っていたり，特定の企業にしか販売できない場合には，特に注意が必要です。

なお，業界内の競合他社や代替品との競争を「水平競争」と呼ぶのに対し，供給業者や買い手との競争を「垂直競争」と呼びます。

● 代替品の脅威

代替品とは，商品カテゴリーは異なるもの，顧客便益が同じものです。例えば，新幹線と飛行機です。両方ともある地点から別の地点に移動することが顧客便益であり，この2つは代替関係にあります。

Quiz2.6を解説すると，プリンタ付きのホワイトボードが登場した30年前であれば，確かにすばらしいアイデアだったと思います。しかし，今は強力な代替品があります。カメラ付きスマートフォンです。消費者はプリンタを求めているわけではなく，ホワイトボードに書いてあることが記録されることを求めています。プリンタを付けなくても，解決できるのです。

代替品の脅威を評価するに当たっては，何が代替品になるのかをまず考えなければなりません。全く異なる業界のものになることもあり，見

つけ出すことが難しいことも少なくありません。そのためにも，事業コンセプトの検討段階で，顧客便益をしっかりと定義しておくべきです。

2-3 自社能力から評価する

最後の評価項目は，企業内部に関することです。その事業コンセプトを遂行するだけの能力があるのかどうかを評価します。

Quiz2.7を考えてみましょう。恐らく大半の方は，デルによる医薬品事業や化粧品事業は成功しないと答えたでしょう。ニッチ戦略では何とかなるかもしれませんが，業界大手と伍していくのは無理だと感じたでしょう。では，追加質問をします。「デルには最先端の受注・出荷システムがあります。医薬品事業や化粧品事業の受注・出荷業務にデルの強みを活かせるので，平均以上の利益を得ることができるのではないでしょうか。」こう質問されたらどうお答えしますか。何かしらの強みがあれば良いわけではありません。その事業にとって意味のある強みでなければならないのです。

●重要成功要因と自社能力

意味のある強みとはどのようなものでしょうか。経営学者のジェイ・B・バーニーは，以下の4つの要件が必要だと説明しました[1]。

＜意味のある強みの要件＞
- 価値：その経営資源には価値がある。
- 希少：その経営資源は希少である。
- 模倣困難：その経営資源は，他社による模倣が困難である。
- 代替不可能：その経営資源を代替するものがない。

最も重要なものは1つ目の要件でしょう。"価値"とは，原著では市場機会の開拓に対応しているという意味で使われていますが，本書の文

脈に当てはめてより具体的に解釈すれば，事業コンセプト案の重要成功要因に対応していることです。

　事業それぞれには重要成功要因があります。例えば製鉄業では生産規模が重要であり，生鮮食品を扱う事業では廃棄率の少なさが重要です。Quiz2.7でいえば，医薬品業界の重要成功要因は研究開発であり，競合他社よりも1秒でも早く特許を出願するために熾烈な競争を繰り広げています。また，化粧品業界ではマーケティング・販売が重要です。事前の品質判断が難しい高級化粧品を販売するためにブランドイメージを形成し，店舗では美容部員と呼ばれる販売員が，肌診断を通して商品提案をしています。ある大手化粧品メーカーの経営層の方から聞いたのですが，「うちの会社は社長がいなくなっても事業を継続できるが，美容部員さんがいなくなれば会社がつぶれる」と言っていました。このような強みは，デルにはありません。受注・出荷システムは，意味のある強みではないのです。

　そのため，ここでの評価は2段階でなされることになります。まず，その事業コンセプトの重要成功要因を考えることです。そして次に，その成功要因に対応する自社の強みがあるかどうかを検討します。

3 情報の収集・分析方法

　ここまで説明した検証作業を効果的に進めるための，いくつかのポイントを補足します。

3-1 定量的に把握する

　情報が曖昧であれば，議論が噛み合わず，空中戦で終わってしまう危険があります。すべてを定量的に把握することは困難ですが，少なくと

も市場規模に関するデータだけは定量化が望まれます。

　もちろん，正確な数字を押さえることは不可能です。特に新規性が高い事業の場合は著しく難しくなります。とはいうものの，大まかな数字は押さえなければなりません。100億円と120億円の違いなどはどうでもよいことです。1億円レベルなのか，30億円レベルなのか，100億円レベルなのかという，大雑把な推定で構いません。

●フェルミ推定

　そのときによく使われる方法が，フェルミ推定です。入手可能ないくつかのデータを頼りに推定する方法で，ノーベル物理学賞を受賞したエンリコ・フェルミが多用していたことから，こう呼ばれるようになりました。例えば，世の中に洗濯機の市場規模（国内年間売上総額）のデータがなかったとします。あなたなら，どのようなデータを使って推定するでしょうか。様々なデータ項目を用いた計算式を考えてみてください。実際の数字は不要です。回答は脚注にあります[12]。

●アナロジー法

　もう1つの方法は，アナロジー法です。アナロジーとは"類比"であり，ある事柄から別の事柄を類推する手法です。例えば，ホースに流れる水から電気の知識を類推するなどです。電圧は水圧に，電流は水量に相当します。

　ヤマト運輸が宅急便事業に乗り出す際に，集配センターの数をどのくらいにすればよいのかに悩みました。結果として，「地域をカバーする」という意味で類似している警察署の数にしたそうです[13]。洗濯機の市場規模の場合は，普及率と買替サイクルが似ている冷蔵庫から類推し，"冷蔵庫の年間販売台数×洗濯機の平均販売額"で推定することもできます。

3-2　情報を足で稼ぐ

　泥臭い情報収集が欠かせません。第1章でも説明しましたが，飛行機に乗って空中から眺める"仮説"と違って，"検証"は地上に降り立って調べる必要があります。インターネットなどで公開情報を収集するだけでは全く十分ではありません。想定される顧客にインタビューしたり，業界関係者や有識者にヒアリングに行くなど，足で稼がなければなりません。商品・サービスを作り込む時間や投資がそれほど大きくない場合は，プロトタイプを実際に顧客に提供し，その反応を見ることもとても効果的です。やってみなければわからないことの方が多いからです。

　事業戦略が完成したら，しかるべき人の承認を得ることが通常です。公開情報だけを根拠にしては，絶対に納得させることはできません。足で稼いだ情報が，説得力を高めます。

3-3　意思決定バイアスに注意する

　人間は合理的に考えようとしても，どうしても偏ってしまいます。これを意思決定バイアスといいます。一説によれば，意思決定バイアスは50種類ぐらいあるそうです。その中で，仮説検証の際に生じやすいものは，可用性ヒューリスティックと確証バイアスです。

　センセーショナルなニュースや，過去の華々しい体験もしくは苦い失敗体験に引きずられ過ぎてしまうことはないでしょうか。このように，利用しやすいデータや思い出しやすいデータを重視してしまうことを，可用性ヒューリスティックといいます。また確証バイアスとは，無意識のうちに自分の主張を裏付ける情報だけを求めてしまうことです。9.11のテロを未然に防げなかったのは，確証バイアスも一因だといいます。テロの発生を予測させる情報がいくつもあったものの，テロなど生じないという考えで情報分析をしていたため，見過ごされてしまったといわれています[14]。

事業案の評価でも，直近に経験した成功事例や失敗事例に引きずられてしまうこともあるかもしれません。あるいは自分が推す事業案のメリットだけを探してしまうかもしれません。

　この意思決定バイアスを防ぐことは非常に困難です。なぜならば，無意識になされるからです。とはいうものの，いくつかの方法があります。1つは，意思決定バイアスが存在するということを常に認識しておくことです。そしてもう1つは，「悪魔の代理人」を立てることです。悪魔の代理人とは，他者の意見を意図的に批判する役割の人です。役割として批判しているので，感情的な対立に発展せずに済みます。あえて批判的な意見を言う役割の人を議論に加えれば，3C分析の精度が高まるでしょう。

4 事業コンセプトの決定

　ここまでで，各事業コンセプト案の評価が終わりました。次は，どれが最善かを判断します。

●3Cの統合評価

　基本的には，3C分析によって得られた利点と欠点をもとに総合的に判断します。その際に，最も陥りやすい過ちを1つだけ説明します。

　市場が魅力的で，かつ競合企業がほとんど参入していないような事業コンセプト案があった場合，どう判断するでしょうか。素晴らしい事業を見つけたと喜ぶでしょうか。それは非常に危険です。市場が魅力的なのにどの企業も参入していないことなどは，通常は考えられません。大きな落とし穴が予想されます。なぜその事業を他社が手掛けないのかを徹底的に検討する必要があります。もし，その障害を自社ならではの強みで克服できるのであればよいのですが，そうでない場合は手を出すこ

とは危険です。

●事業コンセプトの修正や再発見

実際は，いくつかの案の中から1つが選び出されることはほとんどありません。検討の過程で修正された事業コンセプトが採用されたり，2種類の案が統合されたり，あるいは全く別の案が浮かび上がったりすることもあります。それゆえ，仮説検証サイクルの繰り返しが大切です。

●仮説検証サイクルの繰り返し

残念ながらいずれの案も選択し難いという結果になることも少なくありません。その場合は同じサイクルを繰り返します。第1章のSWOT分析に立ち戻り，視点を変えて別の事業アイデアをいくつか考えることになります。落選した事業コンセプトに関して，「顧客・市場」，「商品・サービス」，「顧客便益」の1つもしくは2つを動かしてみることも効果的です。こうした方向転換方法は，ピボットと呼ばれています[15]。

余談になりますが，事業アイデアの発想は，分析型アプローチが苦手とするところです。誤解のないように言いますが，分析型が決して劣っているわけではありません。各アイデアの評価では，綿密な分析が欠かせません。ただし，肝心の案自体は，分析手法を駆使してもなかなか生み出されません。洞察力や発想力，そして日頃からの問題意識やアンテナの高さなどに拠るところが大きくなります。

5 事業目標の設定

3Cという3つの側面だけでは決断を下すことはできません。会社のビジョンとの関係や，財務的な余力にも規定されます。さらには，そもそもどのような事業成果を狙うのかという事業目標にも左右されます。

ユニクロの事例を通じて，その意味を説明します。

ユニクロを展開するファーストリテイリング社長の柳井正氏は，過去に一度だけ社長の座を譲ったことがあります。日本IBMからヘッドハントした玉塚元一氏です。玉塚氏はユニクロの売上減少が続いていた2002年に社長になり，翌年には売上減少傾向を止めました。そして，2005年までに売上高を約600億円積み増し，3,653億円に到達させました。このような成果を上げた玉塚氏に対して柳井氏が下した判断は，事実上の解任です。その理由は明快です。玉塚氏は，急成長ではなく安定成長を描いたためだそうです。

世界の有力アパレルチェーンと伍していくには規模が重要だと考えている柳井氏は，2005年当時に，2010年までに1兆円，2020年までに2兆円の売上高を目指していました。そのため，玉塚氏にはもっと大胆な戦略を期待していたのです。

事業目標によって，取るべき戦略は変わります。3C分析の評価軸も変わります。そのため戦略策定の最初の段階で，事業目標を検討する必要があります。いつまでに，何を達成すべきなのかを明確にしてください。納期を区切ることは，戦略スパンを考えることでもあります。短期的な戦略なのか，それとも中長期的なのかによっても，意思決定の判断軸が変わります。

本来であれば第1章の初めに説明すべき内容ですが，3C分析の説明の後の方が理解しやすいと考え，この段階での説明になりました。

なお，事業目標は定量的なものもあれば定性的なものもあります。例えば，次のようなことを検討してみてください。

- 事業規模か，収益性か
- 短期的成果を目指すのか，長期的成果を目指すのか
- リスクを取って挑戦するのか，確実な成功を目指すのか
- 柱となる事業に育てるのか，主力事業への貢献を重視するのか

第2章 まとめ

☐ 事業コンセプトの仮説を検証するためには，市場環境，競争環境，自社能力という3つの側面から評価する。これを3C分析という。

☐ 市場環境は，量と質から評価する。量的なものには市場規模，市場の成長性，未開拓市場があり，質的なものには支払い余力，需要の密度，市場の不確実性がある。

☐ 競争環境は，ポーターの5つの競争要因を応用する。業界内競争の激しさ，新規参入の脅威，供給業者の交渉力，買い手の交渉力，代替品の脅威という5つの力から評価する。

☐ 自社能力については，何かしらの能力が使えるだけで評価してはいけない。その事業コンセプトの重要成功要因に適合した能力があるかどうかを評価する。

☐ 仮説の検証段階では，仮説生成における環境分析よりも精緻でなければならない。情報を足で稼ぐことが大切であり，想定される顧客層や有識者へのヒアリングも欠かせない。プロトタイプを実際に顧客に提供し，反応を見ることも効果的である。こうした仮説検証サイクルを，短期間で回さなければならない。

☐ 3Cによる客観的評価も大切だが，より重要な判断基準が，そもそもの事業目標である。事業戦略策定のスタート時に，いつまでに，何を達成するのかを明確にする必要がある。

コラム 2-1　業界の収益性を決める 5 つの力

　ここで説明する分析モデル[16] を提唱したポーターは，産業組織論という分野の研究者です。経済学の 1 つの分野であるこの学問領域では，特定の業界が超過利益を上げているような状況を悪とし，是正を目指すものです。その研究成果は，米国の反トラスト法や日本の独占禁止法に反映されています。

　経営学ではそれを逆手にとって，超過利益を得やすい有利な環境かどうかを判断するモデルとして使われています。言い方は悪いですが，独禁法すれすれの環境が望ましいということです。ポーターが整理した超過利益を得にくい状況は，**図表 2-3** の通りです。これと反対の状況が，利益を上げやすい業界環境になります。

● 個別企業の戦略検討での活用

　ただし本文でも触れた通り，このモデルは「業界」を分析するものであり，個別企業の戦略策定が目的ではありません。

　例えばこのモデルでは，超過利益を得られるかどうかを規定する要因として，業界内の企業数やシェア状況が挙げられています。しかし個別企業の戦略検討では，ライバル関係になる企業が何社あり，それらは強いのか弱いのかの方がはるかに重要です。つまり，業界を一括りとした分析ではなく，競合企業 1 社 1 社の分析をしなければならないのです。

　また，このモデルでは参入障壁が高い方が業界にとって有利だとしていますが，その業界にこれから参入しようとする企業にとっては，そうともいえません。

　事業戦略策定における環境分析ツールとして利用するときには，このような読み替えも必要になります。

[図表 2-3] 5つの競争要因

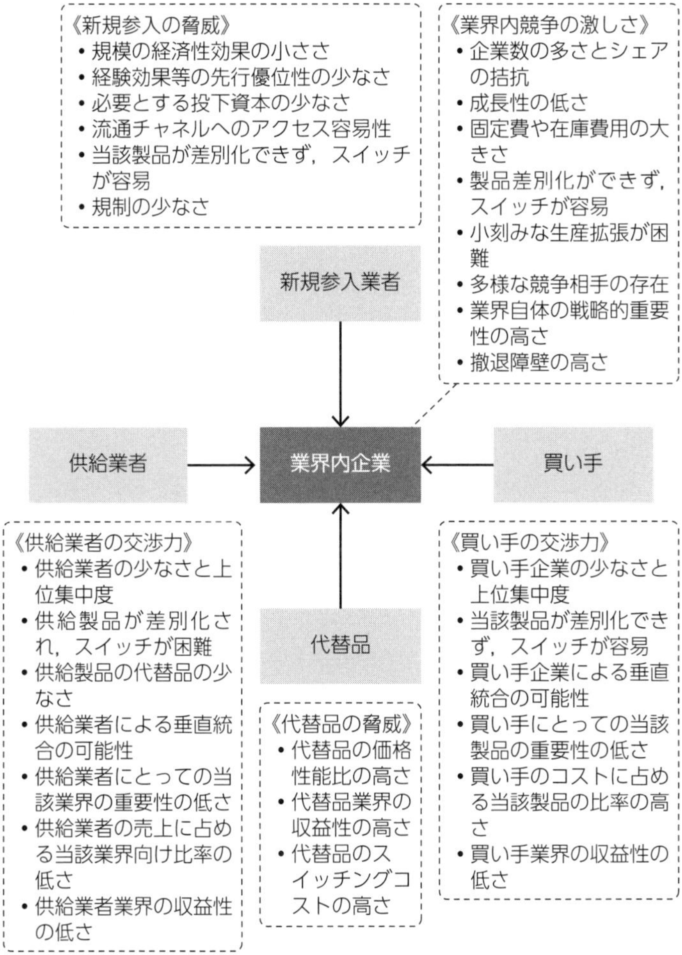

《新規参入の脅威》
- 規模の経済性効果の小ささ
- 経験効果等の先行優位性の少なさ
- 必要とする投下資本の少なさ
- 流通チャネルへのアクセス容易性
- 当該製品が差別化できず,スイッチが容易
- 規制の少なさ

《業界内競争の激しさ》
- 企業数の多さとシェアの拮抗
- 成長性の低さ
- 固定費や在庫費用の大きさ
- 製品差別化ができず,スイッチが容易
- 小刻みな生産拡張が困難
- 多様な競争相手の存在
- 業界自体の戦略的重要性の高さ
- 撤退障壁の高さ

新規参入業者 → 業界内企業 ← 買い手
供給業者 → 業界内企業
代替品 ↑

《供給業者の交渉力》
- 供給業者の少なさと上位集中度
- 供給製品が差別化され,スイッチが困難
- 供給製品の代替品の少なさ
- 供給業者による垂直統合の可能性
- 供給業者にとっての当該業界の重要性の低さ
- 供給業者の売上に占める当該業界向け比率の低さ
- 供給業者業界の収益性の低さ

《代替品の脅威》
- 代替品の価格性能比の高さ
- 代替品業界の収益性の高さ
- 代替品のスイッチングコストの高さ

《買い手の交渉力》
- 買い手企業の少なさと上位集中度
- 当該製品が差別化できず,スイッチが容易
- 買い手企業による垂直統合の可能性
- 買い手にとっての当該製品の重要性の低さ
- 買い手のコストに占める当該製品の比率の高さ
- 買い手業界の収益性の低さ

出所:Porter (1980) をもとに作成。

【注】
1 既存の理論には適切なフレームが存在せず，著者がまとめたものである。散在する様々な理論と企業事例をもとにフレーム案を作成し，これまでのコンサルティングや研修を通じて微修正を繰り返した。以降も同様の方法で行っている。
2 山中信義（2004）『成熟した製造業だから大きな利益が上がる』日本能率協会マネジメントセンター。
3 外務省アジア大洋州局調べ。
4 参考までに，日本の平均年齢は 40 歳代半ばである。
5 高原豪久（2013）「ユニ・チャーム社長 高原豪久氏」日本経済新聞社編『経営者が語る戦略教室』日経ビジネス人文庫。
6 小倉昌男（1999）『小倉昌男：経営学』日経 BP 社。
7 Michael E. Porter（1980）*Competitive Strategy*, Free Press. ［土岐坤・中辻萬治・服部照夫訳（1982）『競争の戦略』ダイヤモンド社。］
8 業界内競争を緩やかにする重要な要因には業界の成長性があるが，2-1「市場環境から評価する」の市場の成長性と重複するため，ここでは取り上げない。
9 池井戸潤（2010）『下町ロケット』小学館。
10 買い手には顧客・市場も含まれる。ただし，2-1「市場環境から評価する」で取り上げたものは，ここでは取り上げない。
11 Jay B. Barney(1991) Firm Resources and Sustainable Competitive Advantage, *Journal of Management*, 17（1）：99-120.
なお，その後に「代替不可能」を「組織」（その経営資源を活用できる組織になっているか）に変更している。ただし「組織」は経営資源自体の特徴を示すわけではないと考え，ここではもとの 4 種類を使っている。
12 国内人口数÷平均世帯数×洗濯機の平均販売額÷耐用年数。世帯普及率を 100% と想定しているが，仮に 95% と想定すれば"× 0.95"を加える。
13 小倉前掲書。
14 長瀬勝彦（2008）『意思決定のマネジメント』東洋経済新報社。
15 何かを軸足にして方向転換する方法をピボットといい，エリック・リースはリーン・スタートアップに欠かせない手法だとしている。
Eric Ries(2011) *The Lean Startup: How Today's Entrepreneurs Use Continuous Innovation to Create Radically Successful Businesses*, Crown Business. ［井口耕二訳（2012）『リーン・スタートアップ』日経 BP 社。］
Richard P. Rumelt（2011）*Good Strategy, Bad Strategy: The Difference and Why It Matters*, Crown Business. ［村井章子訳（2012）『良い戦略，悪い戦略』日本経済新聞出版社］
16 Michael E. Porter（1980）*Competitive Strategy*, Free Press. ［土岐坤・中辻萬治・服部照夫訳（1982）『競争の戦略』ダイヤモンド社。］

ケーススタディ：生地商社（1） 事業の方向の検討

生地商社　武田商会

　生地商社とは，アパレル業界のバリューチェーンの中間に位置づけられるプレイヤーである（図表C-1）。アパレル業界と聞くと，ファッションビルやクリエイティブなデザイナーなどが頭に浮かぶかもしれない。しかし，そのような側面は，アパレル業界の一部である。こうした華やかさを陰で支える黒子が，武田商会のような生地商社である。

　武田商会は生地を扱う専門商社であり，生地を仕入れてアパレルメーカーに販売することを生業としている。その武田商会は，川下への事業拡張を検討することになった。生地を供給するだけでなく，衣服等の製品を作って小売に提供するという，アパレルメーカーに近い領域に踏み出すことにしたのである。

　本ケースには，武田商会を取り巻く環境情報が記載されている。あなたは，武田商会の企画担当役員である。ケースを読み，同社の新事業の戦略を検討していただきたい。

繊維業界の概要

　アパレル業界には主要プレイヤーが4種類ある（図表C-1）。それぞれの概要を説明する。

▶糸メーカー

　最も川上に位置付けられるのは，繊維を紡績して糸にする糸メーカーである。原料となる繊維は2種類ある。1つは，綿，麻，絹など動植物から得られる天然繊維であり，もう1つはポリエステル，アクリル，ナ

　本ケースは架空である。ケース記載のマクロデータや業界動向は，執筆時点（2016年）の状況を反映しているが，ケース登場企業の概要や戦略はすべてつくられたものであり，モデル企業も存在しない。ケース内の注釈には実際の企業名が載っているが，ケース内の業界説明を補足するためであり，それら企業の巧拙を示すことを目的としたものではない。本ケースの著作権は著者に属し，全部または一部を許可なく複製・転載・引用することを禁じる。

[図表 C-1] 繊維業界のバリューチェーン

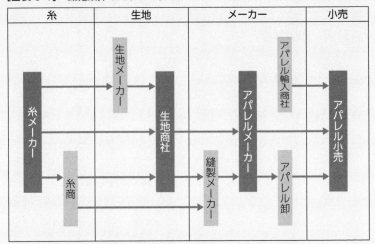

出所：日本ファッション教育振興協会編（1999）『ファッションビジネス概論』。
※ ケースに関係の深い業界のみを記載することで単純化している。

イロンなどのように化学的に作り出された合成繊維（合繊）である。

新素材の研究開発費がかさむため，大企業であることが多い[1]。そして，機能性の高い生地を開発するためには，糸メーカーの研究開発力が欠かせない[2]。また，市場機会を求めて，ほとんどのメーカーが事業の多角化を進めていることも特徴的である。

▶生地商社

糸メーカーや糸商社から仕入れた糸を生地にするのが生地メーカーであり，その生地を流通させるのが生地商社[3]である。単に左から右に流すのではなく，生地の企画や開発，生産も行うところが特徴的である。

---

1 このケースは架空のものであるが，糸メーカーをイメージしてもらうために実際の企業を挙げると，天然繊維ではクラボウ，東洋紡，日清紡などが，化学繊維では東レ，帝人，旭化成などがある。なお，以降の注釈でも具体的な企業・ブランド名，商品名が出てくるが，イメージを持ってもらうことが目的であり，ケース分析には関係しない。
2 例えば，ユニクロと東レの提携により開発された保温衣料「ヒートテック」は，東レが繊維開発から縫製までを手掛け，ユニクロが独占販売するというスキームである。

もちろんメーカー機能はないため,自らで生地を開発・生産するわけではない。開発力のある糸メーカーや生地メーカーに委託し,開発費を負担する代わりに独占販売権を得るなどをしている。そして,海外も含めた技術力の高い工場を開拓し,そこに生地製造を委託する。このようにして,生地周りの開発・生産・流通をコントロールしているのが,生地商社である。

▶アパレルメーカー

その生地はアパレルメーカー[4]に供給され,アパレル(apparel:衣服)に加工される。具体的には,重衣料(スーツ,ジャケット),トップス(ニット,シャツ,ブラウス,カットソー[5]),ボトムス(パンツ,スカート),インナー(下着,靴下)などの商品[6]である。

アパレルメーカーの主な役割は,商品企画,デザイン,販売・マーケティングであり,多くは製造は行わない。"メーカー"といいながら工場は持っておらず,外部の専門工場に委託する。これはアパレル業界の特徴の1つである。ファッション性が高いがゆえに,生産する商品の特徴は常に変わる。自社工場を作ったとしても,その工場では作れない商品が流行することもある。こうしたリスクを回避するために,自社工場を

---

3 生地商社は表に出てこないため,一般消費者からの認知度は高くない。蝶理,豊島,モリリン,ヤギ,田村駒などがある。なお,生地の卸だけを行っている企業は少なく,多くは糸も扱っており,また後述するようにアパレル商品もつくっている。
4 アパレルメーカーを例示すると,ワールドやオンワード樫山などである。世界的に見ても,日本のアパレルメーカーは規模が大きい。ちなみに,企業名よりもブランド名の方が有名かもしれない。例えばオンワード樫山には,23区,組曲,J. Press, Paul Smithなどといった様々なブランドがある。全社戦略として各ブランドの位置づけ(例えば,プレミアムブランド,ショッピングモール向けブランドなど)がなされた後に,ブランドごとに商品企画がなされ,マーケティング戦略が立てられる。
5 カットソーには,Tシャツ,キャミソール,タンクトップ,ポロシャツなどがある。カットソーとはニット素材を裁断(cut)し,縫製(sew)して作られる衣服の総称であり,"cut and sewn"から来ている。編み物であるニット素材のみにカットソーという言葉が使われる。ちなみに,シャツやパンツ,ジャケットなどは,織り物を裁断・縫製したものである。
6 生地商社の段階では"製品",アパレルメーカーやアパレル小売の段階では"商品"という用語を使う。

持たずに，都度，最適な縫製工場や編み立て工場に委託するのである[7]。

▶アパレル小売

そして，最も川下に位置づけられるのがアパレル小売であり，アパレルメーカーやアパレル卸[8]から商品を仕入れる。百貨店，量販店[9]，専門店[10]，通販など，消費者に販売するすべての業態がここに入る。

ただし，アパレルメーカーとアパレル小売の区分は曖昧になりつつある。アパレルメーカーであっても直営店を構えるところは少なくない。特にレディースアパレルでは，ブランドを冠としたショップを構えるところが多くなった。反対にアパレル小売であっても商品企画やデザインを手掛けるところもある。例えばSPA[11]のように大々的に取り組むこともあれば，プライベートブランドのように，小売り側が商品コンセプトのみを決めて，アパレルメーカーや生地商社に製品を作ってもらい，自社ブランドを付けて販売する場合もある。

武田商会の概要

武田商会は，中堅クラスの生地商社である。年商は400億円であり，年商1,000億円を超える業界上位企業には水をあけられている。

しかし，生地の専門性では業界上位企業に劣らない。営業担当者の頭

---

7 メンズの定番商品を扱うアパレルメーカーには，自社工場を持つところもある。
8 アパレル卸とは，アパレルメーカーの商品や，縫製工場や編み立て工場が企画・生産した商品を買い取り，小売に卸す企業である。
9 量販店ではGMSの規模が最も大きく，それ以外にはホームセンターなどがある。GMSとはGeneral Merchandise Storeの略であり，日用品を総合的に扱う大規模な小売業態を指す。日本では，イオンやイトーヨーカドーなどである。衣料品や家電，家具なども品揃えしているところがスーパーマーケットと違うところである。
10 アパレルの専門店は，ユニクロ，しまむら，青山商事，西松屋チェーンなど。また，シップスやビームス，ユナイテッドアローズなどのセレクトショップも専門店に分類される。なおセレクトショップとは，特定ブランドだけでなく独自の目線で選んだ様々なブランドを扱っている店舗のことであり，自社のオリジナルブランドも多い。
11 SPAとはSpecialty store retailer of Private label Apparelの略であり，製造小売業とも呼ばれる。企画から製造，小売までを一貫して行う業態であり，日本ではユニクロが先鞭をつけた。

の中には様々な種類の生地の機能や特徴が入っており，アパレルメーカーから商品コンセプトを聞いただけで，どの生地にすべきかが瞬時に思い浮かぶ。特に"編み"製品では上位企業でも太刀打ちできない。糸を生地にする加工方法には，"編み"と"織り"[12]があり，編みとは糸でループを作ってそのループにまた糸をくぐらせてループを作ることを繰り返して仕上げる製法である。ソフトで身体にフィットするという長所があり，カットソーやセーター，靴下などに使われる。これら編み製品に限っては，武田商会からの生地提案を受けてから，商品コンセプトを詰めるアパレルメーカーも少なくないくらいだ。また，編みが得意な国内外の有力生地メーカーとのネットワークを持っており，品質も高い。

ただし，弱点もある。品質の高い生地の仕入力は高いものの，安価な生地の仕入力は低い。武田商会がネットワーク化している生地メーカーはどちらかといえば，各国で上位の企業である。しかし，市場は必ずしも高品質の生地を求めるわけではない。アパレルメーカーやアパレル小売側にとっては，品質は落ちるものの安いラインナップも必要である。競合生地商社との価格競争になったときには，負けることが多い。

▶非衣料分野

武田商会が供給している生地は衣料向けだけではない。非衣料分野にも供給している。生地の用途は，寝装具やカーテン，手袋や自動車の内装など様々な分野がある。市場規模は衣料分野の10分の1以下と大きくないものの，衣料分野ほど値下げ圧力が強くないため，利益率は高い。

非衣料分野向けの売上に限れば，業界トップである。その背景にあるものが，大手生地商社も舌を巻くほどの生地開発力である。非衣料分野に限ったことではないが，武田商会は機能性の高い生地を開発する能力に長けており，これまでストレッチ性や柔らかさ，保温性や通気性，吸水や速乾，抗菌や防臭，さらには紫外線遮蔽やナイフの刃を通さない生

---

12 "織り"とは，たて糸とよこ糸を交差させることで仕上げる製法で，編みよりも型崩れしにくく，仕上げ加工や裁断・縫製がしやすいという特徴がある。その生地はスーツ，コート，ワイシャツ，ブラウスなどに使われる。

地などを開発してきた。繰り返すが，実際の製品開発は糸メーカーや生地メーカーに委託することになる。武田商会が優れているところは，エンドユーザーの声や商品の使われ方などの情報を生地の機能に転換し，メーカーへの発注仕様書に落とし込む能力である。こうして開発された機能性生地を提案することで，武田商会は非衣料分野での確固たる地位を築いた。

▶製品事業

　武田商会は単に生地を卸しているだけではない。アパレルメーカーやアパレル小売からの要請に応じて，製品の供給もしてきた（これを"生地事業"に対して"製品事業"と呼ぶ）。アパレルメーカーやアパレル小売の企画・デザインにもとづいて生地等の素材を調達し，縫製メーカーに製造委託し，でき上がった製品を納めるというものである。これをOEM供給という[13]。そして長年の経験によって，ボタン，ファスナー，縫い糸，裁断，仮縫いと縫製など，製品製作に必要な生地以外の知識と生産ネットワークも蓄積されてきた。まだまだ大量発注には応えられる供給能力はないものの，基本的な品質ではアパレルメーカーのレベルにかなり近づいてきている。特に武田商会が得意とするカットソーは，大変高く評価されている。

　そして最近では，商品企画やデザインまでをも任せたいという打診が増えてきた。これをODM供給という[14]。アパレルメーカーも力を入れる商品分野とそうでない分野がある。力を入れない商品分野には自社のデザイナーを割り当てる余裕はないが，それでもラインナップは揃えなければならない。そのような分野の商品を，企画から生産を含めて武田

13　OEMとはOriginal Equipment Manufacturerの略で，相手先ブランド製造のこと。もともとは電機機器業界で使われていた用語であり，発注元企業の名義やブランド名で販売される製品を製造する。小売が発注者の場合は，"プライベートブランド"と呼ばれることが多い。

14　ODMとはOriginal Design Manufacturerの略。OEMと同様に相手先ブランドでの製造であるが，製造だけでなく企画や設計までも請け負った場合はODMになる。アパレル業界では，OEM供給からODM供給への移行が進んでいる。

商会に一任したいというのである。

　ODM供給はOEM供給よりも難易度が高いが，その分だけ利幅も大きい。競合企業の生地商社はかなり前からODM供給を積極的に進めている。それだけでなく，アパレルメーカーさながらに自社ブランド製品を企画・生産し，アパレル小売に販売することも取り組んでいる。

　しかし武田商会では，こうした事業拡張になかなか踏み出せないでいた。デザイン力がほとんどないという理由もあるが，それだけではない。生地事業に比べて，製品事業はリスクが大きいからである。ファッション性が高いこの業界では，在庫リスク（売れ残りによる値下げや廃棄）に常にさらされる。生地であれば返品されたとしても転用しやすいが，製品になった途端，転用の道は閉ざされる。OEM供給であれば基本的には全数を買い取ってもらえるが，ODM供給の場合は返品可能な委託取引[15]になることもある。そして自社ブランド製品の場合は委託取引が基本である。こうしたリスクの大きさが，二の足を踏ませていた。

　とはいうものの，競合他社の財務状況を分析すると，製品事業が売上の多くを占めるようになっている。業界上位の生地商社が年商1,000億円を超えているのは製品事業を手掛けているからであり，売上の過半数を占めている。リスクのないところにリターンはないと考えた武田商会では，製品事業に本格進出することを取締役会で決定した。

　そして，製品事業の競争力をつけるために，他の生地商社からも仕入れてもよいことを確認した。本格的に製品事業に取り組もうとすれば，武田商会の生地だけではやっていけないからだ。武田商会で扱っていない生地はもちろん，扱っていたとしても競合他社の方が良い条件ならば，そちらから調達してもよいことにした。

15　委託取引は「返品条件付き買い取り」ともいわれ，納品された商品の所有権はいったん小売店に移るが，売れ残り商品は返品することができる。類似の取引に，消化取引というものがある。これは，店頭で売れた時点で小売に所有権が移るというものであり，売れるまでは所有権は納入側（アパレルメーカー側）にある。日本の百貨店とアパレルメーカーとの間での特有の方式である。一見，納入側が不利に思えるが，商品構成や商品投入時期，小売価格は納入側が決めることができるなどのメリットもある。

●設問

　あなたは武田商会の企画担当役員であり，製品事業の立ち上げを任された。とはいうものの，ノウハウもないうちに大々的に取り組むことはできない。まずは，足がかりとなるようなものに集中して取り組み，成功体験を作るべきだと考えた。そして課長クラスを中心とした検討チームを編成して，最初に取り組むべきプロジェクトを検討させた。OEM供給で実績のあるカットソーを軸に検討させたところ，次の3案が提案された。

　A案：カットソーが手薄なセレクトショップ向けに，そのセレクトショップの世界観に合ったカットソーを企画・生産し，相手先ブランドで供給（ODM供給）することで，コンセプトに沿った売り場の完成に貢献する。
　B案：テレビ通販会社向けに，多くの消費者に受け入れられるトレンドに沿ったカットソーを企画・生産し，自社ブランドで供給することで，売上の拡大に貢献する。
　C案：アパレルメーカーのグローコム社のレディースブランド"フローリア"向けに，生地で差別化されたカットソーを企画・生産し，相手先ブランドで供給（ODM供給）することで，品揃えの魅力向上に貢献する。

　いずれも悪くない案だと，あなたは感じた。もちろんまだ粗削りだが，詰めていけば上手くいく可能性が感じられた。しかし既に述べたように，必要なのは1つの成功体験である。すべてを並行して進めるわけにはいかない。そこでこの中から次のステップに進ませる案を選び出すべく，3案それぞれを取り巻く環境状況を企画部門に調べさせた。
　以下の環境情報を読み，最も可能性の高い案を選んでいただきたい。そして，その理由も説明すること。

環境分析

　日本のアパレル小売市場は 10 兆円程度だと推定される。最も規模が大きいのが専門店であり，4～5 割を占める。そして，百貨店の 3 割，量販店の 2 割が続く[16]。

　市場全体としては，縮小傾向にある。とはいうものの，すべてのセグメントで縮小しているわけではない。百貨店は縮小しているものの，専門店は伸びている。ただし，専門店のすべてが伸びているわけではない。常にスキームを進化させているような SPA や，品揃えに特徴のあるセレクトショップは業績が良い一方で，商品選定をアパレル卸に任せているようなタイプは苦戦している。また，通信販売も拡大している。規模的には，まだアパレル小売市場の 1 割にも満たないが，成長性が際立っている。昔からあるカタログ通販は踊り場に差し掛かりつつあるが，テレビ通販やインターネット通販が通販市場の拡大をけん引している。

　市場全体の概略は，このようなものである。そして，検討チームが提案した 3 つの案に関係する市場は，以下のような状況にある。

▶セレクトショップを取り巻く環境

　専門店と一口でいっても，その中には様々なタイプがある。自社ブランドを製造小売りする SPA 系，複数のアパレル卸から商品を仕入れる品揃え系，郊外に紳士服専門店や子供服専門店を構えるロードサイド系，ブランドを冠とするブランドショップ系，そして自社の世界観にもとづいて品揃えをするセレクトショップである。

　セレクトショップは，あるコンセプトのもとであらゆる衣料品を品揃えする。自ら企画したブランドを委託生産して店頭に並べることもあれば，既存のブランドを仕入れることもある。衣料品だけでなく，靴や小

---

[16] 佐山周，大枝一郎（2011）『1 秒でわかる！アパレル業界ハンドブック』東洋経済新報社。2009 年前後の数字である。読者が本ケースに取り組むときには市場規模および業態シェアが変わっているかもしれないが，ケースに書かれている状況のもとで分析をされたい。

物，雑貨品なども扱っている。多岐にわたる商品を扱うため，どうしても苦手な分野も出てくる。例えば，スーツやコートなどの重衣料の商品企画に特化しているセレクトショップの中には，カットソーが手薄なところもある。ここが武田商会のターゲットになる。

　セレクトショップが競争に勝つためには，新しい商品を次々と提案しなければならない。おおもととなる世界観は変えないものの，商品の入れ替えは速い。そして，仕入先が固定化してしまうと消費者に飽きられてしまうため，常に間口は開いている。そのショップの世界観を理解し，そのショップの魅力につながるような商品を提案できれば，取引を開始できるチャンスがある。

　とはいうものの，成長しているセレクトショップ市場への拡販を画策している企業は多い。生地商社各社の製品事業部門もこの成長市場に力を入れている。また百貨店を主な販路としていたアパレルメーカーの中には，百貨店市場の減速に伴ってセレクトショップ市場にシフトするところも増えてきた。

　一方で，仕入先の見直しも多い。一度取引口座を開いてもらったからといって，取引が継続するわけではない。魅力ある提案をし続けることができなければ，すぐに他社に取って替わられてしまう。

▶通販を取り巻く環境

　店舗販売が伸び悩む中で，通販市場の勢いは目を見張るものがある。通販市場は，長らくカタログ通販の独壇場だった。そこに，インターネット通販が登場し，さらなる飛躍のきっかけをつくったのがモバイルコマースである。スマートフォンから注文できる手軽さが受け，倍々ゲームのように市場規模を拡大している。

　インターネット通販では，店舗販売とは違って商品説明にはどうしても限界がある。一方で，店舗のように品揃えの物理的な制約を受けないという利点もある。それゆえ，成功しているインターネット通販では，ブランド力のある商品を豊富に取り揃えているところが多い[17]。

　インターネット通販と同様に，テレビ通販も比較的新しい市場であ

り，まだまだ成長の余地がある。同じ成長市場ではあるが，儲ける仕組みは少し異なる。テレビ通販では，有名ブランド品だからといって取り扱うわけではない。名が売れていなくても，テレビを通じてその魅力を訴求することができるからだ。知名度は低いが魅力のある商品を発掘し，その魅力を引き出すことが，テレビ通販の儲けるモデルである。また，放送時間が限られているため，多くの商品を紹介することはできない。売上を上げるためには，少数の商品を大量に売らなければならない。こうした点から，仕入れ価格が高く，そして希少性を訴求するような有名ブランド品は，テレビ通販の利益モデルに適さない。

アパレルメーカー側としても，ブランドを育てていこうとする場合には，テレビ通販に卸すことに積極的にはなれない。テレビ通販側はアパレル系商社による海外調達に頼っているのが現状であり，選択肢を増やすためにも，生地商社による商品提案を好意的に受け止めている。一方で，市場規模がまだ小さいことから，大手生地商社は様子を見ている状況である。結果として，今の段階では競争はそれほど加熱していない。

ただし，テレビ通販向けに商品を供給しようとすると，厳しい条件が待ち受けている。まず，寡占市場だということだ。テレビ通販会社は30社ほどあるが，上位2社で市場の4割を押さえている。このいずれかとの取引ができなければ，参入する意味がない。それに加えて，価格の厳しさである。テレビ放送にはかなりの経費がかかる一方で，販売価格は低めに設定される。その中でテレビ通販側が利益を出すために，仕入れ価格を抑えなければならない。抑えているという表現はややマイルドである。仕入れ価格を一方的に提示してくることもある。テレビ通販と取引するためには，安いコストで，かつ一括・大量納入できる生産・供給体制が欠かせない。

さらには，返品リスクという問題もある。テレビ通販との取引は委託販売であり，売れ残れば返品される。いったん消費者に販売されたとし

17　例えば最も勢いのあるアパレル通販サイトのひとつであるZOZOTOWNでは，ユナイテッドアローズやシップスなどのセレクトショップの商品をはじめとする有名ブランド品を豊富に取り揃えている。

ても，消費者から返品されれば，その商品は納入業者に戻される。通販は手に取って見ることなく注文するため，消費者からの返品も多くなる。さらには，複数の色やサイズを注文し，自分に合ったもの以外を返品するという通販特有の消費行動も返品率を高める。そして何よりも，大量に納めるがゆえに，返品が大量になってしまうというリスクもある。テレビ通販との取引には，返品リスクを少なくするような，魅力ある商品の企画力が欠かせない。

▶大手アパレルメーカーを取り巻く環境

アパレルメーカーは小売りではない。しかし，既に述べたように，特に大手では多くの直営店を構えるようになってきている。

アパレルメーカーとの取引は，会社とではなくブランドごとが多い。大手アパレルメーカーは複数のブランドを持っており，ブランド・ポートフォリオを考えている。まずは，基幹ブランドである。その企業の命運をかけるといってもよいブランド群であり，その販売も自らのコストとリスクを負って取り組む。そのほかには百貨店ブランドや新流通ブランドがある。新流通とは駅ビルやファッションビル，ショッピングセンターのことであり，基幹ブランドや百貨店ブランドに比べると，やや値ごろ感がある。百貨店が低迷する中で，どのアパレルメーカーも，新興流通ブランドに力を入れている。

さて，武田商会がターゲットとするグローコム社は，アパレルメーカー２位の企業である。特に品質基準に厳しく，リスクを冒さないことが特徴である。ブランドごとの取引者数を定めており，信頼できる取引先で固めている。取引先数を増やすことはしない。新たなベンダーと取引をするには，既存のベンダーのいずれかとの取引を停止するという徹底ぶりだ。新規に参入するためには，どこかのベンダーを蹴落とさなければならないという難しさがある。

グローコム社では基幹ブランドでは成功しているものの，新流通ブランドは伸び悩んでいる。同社は現在４種類の新流通ブランドを持っているが，その中で最も期待をしているのがレディースブランド"フローリ

ア"である。新流通ブランドの中ではステイタスが高い方で,都心のファッションビルや駅ビルを中心にテナント出店している。

　このブランドはいわゆるコンサバ系であり[18],デザインで冒険することに消極的になり過ぎて新鮮さがなくなってきた。2年前までは新流通系でのトップブランドだったものの,今は2位に甘んじている。新流通ブランド全体に弾みをつけるためにも,グローコム社は何とかしてフローリアをトップシェアに返り咲かせたいと考えている。

　一般的に言えば,新流通系ブランドの価格帯は高くないため,十分な人員を割くことはできない。そのため,生地商社からの製品調達の割合が高い。しかし,フローリアの場合は他の新流通系ブランドよりもかなり低い。それが原因で商品の割高さとマンネリ化を招いていることも,低迷の原因と考えられている。

　そしてその限られた製品納入市場を,現在は大手生地商社など4社が分け合っている。この4社の枠に入り込むべく,多くの生地商社が製品提案を繰り返している。しかし,どこも特徴ある提案をすることができずに,"入れ替え戦"での敗北が続いている。武田商会も,生地での取引はあるものの,製品の納入実績はない。

　フローリアとの取引をするには,いわばサッカー日本代表の最後の枠に入り込むような選手でなければならない。つまり,オールマイティーな選手ではなく,何か一芸で秀でており,かつその一芸でゲームの流れを変えられることである。

18　コンサバティブ(conservative：保守的)の略であり,誰にも拒否されることのない清楚なファッションである。アバンギャルド(avant-garde：先駆けや革新的)やコンテンポラリー(contemporary：今風や一的流行)と対立するポジションである。

解説

ケースの目的
ケーススタディ（1）は，3C分析の評価項目を理解することが目的です。第2章で説明した，市場環境を評価する6つのポイント，競争環境を評価する5つのポイントをアウトプットでき，また自社能力との適合度を重要成功要因からひも解いて考えることができるケースを作成しました。

ケースの解説
各事業アイデアの3C分析結果は，**図表C-2**に整理しています。ここに書かれた項目それぞれには，重要度が高いものもあれば低いものもあります。第2章でも触れたように，各項目を点数付けして合計点で判断することは，適切な選択方法ではありません。

重要性の高い環境項目に絞って3案を分析した場合，次のような評価になるでしょう。

＜A案：セレクトショップ向け＞
市場環境が特徴的である。縮小傾向にある国内アパレル小売市場の中で，セレクトショップには一定の市場規模があり，しかも堅実に成長しているところが大きな魅力だ。一方で，その魅力的な市場に参入しようとする企業は多く，競争は激しい。また，能力的にも十分とはいえない。セレクトショップの世界観に合ったデザイン提案力がこの市場に参入するためには重要だが，その能力は備わっていない。

＜B案：テレビ通販会社向け＞
市場が急成長しているところが大きな特徴である。とはいっても，もともとの市場規模が大きいわけではないため，それほど魅力的とはいえない。しかも，売れ残りのリスクの大きさは，参入を躊躇させる。その分，まだ競争が激しくなく，参入するのであればこのタイミング

を逃すべきではない。ただし，流行を捉える能力はまだ足りず，また大量生産・大量供給を可能とする生産ネットワーク構築への投資も頭を悩ませる。

＜C案：アパレルメーカーのフローリア向け＞
　競争の土俵に上がるための能力は備わっているというメリットがある。このブランドとの取引では品質が重視されるが，その水準は概ねクリアしている。また参入するには他社にない特徴が必要だが，カットソーという専門性がある。しかし，特定ブランドとの取引であるため，市場規模は大きくない。しかも，フローリアは取引業者数を制限しているため，参入競争は極めて激しい。

　あなたは，どの案が良いと判断したでしょうか。正解はありません。あえて甲乙を付け難いケースにしました。
　誰にでも意思決定の癖があります。無意識のうちに，日頃から関心がある特定の側面のみから考えてしまいます。もし，いずれかの案だけに強い可能性を感じたならば，あるいはいずれかの案のみに可能性をほとんど感じなかったならば，いずれかの評価項目を見落としていたかもしれません。**図表1-2**を，再度確認してみてください。

[図表C-2] 3C分析結果

	市場環境	競争環境	自社能力
A案 セレクトショップ向けに世界観に合ったカットソーをODM供給	○ ○複数社を相手にすれば、それなりの市場規模になる。 ○アパレル小売業界の中では数少ない成長市場である。 ○業績がよく、支払い余力も高い。	△ △常に新規取引先に間口は開いており、参入障壁が低い。一方で参入後も安泰ではない。 ×数少ない成長市場であり、取引を試みる企業も多い。 ○カットソーに限れば、専門性の高さで競合優位に立てる。	× ×単なる製品供給ではなく、各セレクトショップの世界観に合ったデザイン提案が必須だが、情緒的な品質は得意ではない。
B案 テレビ通販向けにトレンドに沿ったカットソーを自社ブランド供給	△ ×アパレル小売市場の僅かを占める程度である。 ○比較的新しい市場で、まだまだ成長する。 ◎1回当たりの取引が大口である。 ×スタジオ経費がかかるため、仕入価格にシビアである。 △売れ残りのリスクがある。	○ ◎ブランド力のあるアパレルメーカーは積極的ではなく、大手生地商社はまだ様子を見ている。 △市場が拡大すれば、大手生地商社の参入が予想される。 ×大手2社の寡占市場であり、相手側の交渉力が強い。	× ×流行に乗った商品企画が必須だが、流行を把握する力も、またそれをデザインに落とし込む力も強くない。 ×一度に大量の製品を供給することが必須だが、それが可能な生産ネットワークはない。
C案 アパレルメーカーブランドのフローリア向けに生地で差別化されたカットソーをODM供給	△ ×特定企業の特定ブランドであるがゆえに、市場規模は小さい。 ○グローコム社が強化しようとしているため、仕入価格にシビアにはなることは考えにくい。 △自社生産比率が高く、未開拓市場が残されている。	× △取引者数を制限しているため、参入障壁が高い。一方、参入すれば競合を排除できる。 ×他の生地商社も参入を狙っている。 ×鍵となる機能性生地の開発は、規模で上回る糸メーカーの協力なしにはできない。	○ ○競争の土俵に上がるために必要な基本的な品質は、十分培われている。 ○機能的な生地を使った製品提案という、一芸に秀でている。

市場戦略

第1部

事業の方向

第3部 　　　　第2部 　　　　第4部

競争・協調戦略 ⇔ **市場戦略** ⇔ **利益モデル**

第5部

ビジネスシステム

第3章
差別化戦略の策定

事業の方向が決まった後は，その中での具体的な戦い方に移ります。本書では3種類の戦略を扱っており，その中で最も重要なものが市場戦略です。顧客を振り向かせ，同時に競合企業との顧客獲得競争に勝つための差別化戦略を，どのように策定するのかを説明します。

Quiz

● Quiz3.1　ルンバ

　自動で掃除をしてくれるロボット掃除機の先駆けとなったのが，アイロボットのルンバです。同社は以前，日本の総代理店からこのような提案をされたそうです。「日本の競合商品には空気清浄機能や撮影機能がついているものがあります。ルンバにも搭載した方がよいのではないでしょうか。」この提案に対して，アイロボットのCEOは何と答えたでしょうか。またなぜそう答えたのでしょうか。

● Quiz3.2　マブチモーター

　家電や自動車，精密機械などありとあらゆる製品に，モーターが使われています。モーターの用途ごとに多種多様な形状や機能が求められるため，一品一様の状態でした。このわずらわしさから逃れるために，モーター大手のマブチモーターは，ある策を講じました。どのように対応したのでしょうか。

● Quiz3.3　コメリ

　コメリというホームセンターがあります。ここで買い物をした顧客は，ツケ払いができます。しかも，秋まで待ってくれるそうです。なぜ秋なのでしょうか。

本文を読む前に，以下のQuizを考えてください。

● Quiz3.4　ライフネット生命保険

　ライフネット生命保険は，特約を一切扱っていません。特約とは主契約に付加されるもので，入院特約やがん特約などがあります。この特約を求める人はそれなりに多くいます。特約を扱わないということは，その市場を捨ててしまうことになります。一定の市場を捨ててまで特約を扱わないのは，なぜでしょうか。

● Quiz3.5　日本電産

　創業間もない日本電産が軌道に乗ったきっかけは，スリーエムとの大口契約でした。材料費500円，人件費を入れても原価1,000円程度のモーターを，3,000円もの価格で大量に販売しました。高値で売りつけたにもかかわらず，後日，スリーエムの担当者から感謝されました。なぜでしょうか。

● Quiz3.6　ITベンダー

　あなたは，ITシステムの調達担当者だとします。ITベンダーへの要望を，いろいろな側面からできるだけ多く挙げてください。

第2章までで，事業の方向が確定しました。しかし，それだけで事業が成功するわけではありません。いかにユニークな事業コンセプトであっても，必ず競合企業がいます。それら競合企業との顧客獲得競争に勝たなければなりません。

　「顧客満足が大切だ。顧客が満足すれば利益は後からついてくる」という人もいますが，残念ながらそれは正しくありません。顧客は様々な要望を抱きます。それらをすべて満たそうとすれば，顧客は満足するものの，企業は赤字になってしまいます。顧客に満足してもらい，それを自社の利益に結び付ける策が必要です。その策が，市場戦略です。

1 基本戦略

　競合企業との顧客獲得競争に勝つためのスタンスには，基本戦略と称される2つのタイプがあります。差別化とコスト・リーダーシップです[1]。提唱者のポーターによれば[2]，この2つは両立し得ないものであり，両方を追い求めようとすればスタック・イン・ザ・ミドルというどっちつかずの状況に陥ってしまうといいます。まずは，軸足を決めなければなりません。

1-1 差別化

　顧客に振り向いてもらうためには，何かで特徴を出さなければなりません。"すべてにおいて秀でる"ではすべてが中途半端になってしまい，市場の認知を得られません。

　競争力のある企業は，何で秀でるべきかを選択しています。例えばダイソンの掃除機は吸引力の強さで勝負しています。また，Quiz3.1のルンバは，掃除機能（フロアカバー率，ゴミ除去率）とメンテナンス不要

の信頼性を追求しています。より重要なことは，両社とも捨てるべきものを明確にしていることです。ダイソンの静音性は，他社製品よりも大きく劣っています。またアイロボットの CEO は，日本の総代理店から出された空気清浄機能と撮影機能の搭載という提案を，すぐに却下しました。その理由は非常に明快です。1つ目は，コストが上昇することです。2つ目は，複雑になって故障率が高まることです。機能が増えれば当然故障率が高まります。そうすると，メンテナンス不要が実現できなくなってしまいます。そして最後の理由は，余計な機能に開発リソースが奪われ，本来機能が疎かになってしまうことです[3]。

　ポーターは，戦略とはトレードオフの中から選択することだといっています[4]。差別化とコスト・リーダーシップもトレードオフですが，差別化要素の間でもドレードオフが存在します。もちろん，両立させようとすることは大切なことです。ダイソンも，少しでもモーター音を小さくしようとしています。しかし，それは努力であって戦略ではありません。戦略の策定段階では，いずれかを選択しなければなりません。ダイソンも，吸引力を落としてまで静音性を高めようとは考えていないはずです。

1-2　コスト・リーダーシップ

　差別化以外の方法で，市場に浸透しようとする企業もあります。例えば，Quiz3.2 のマブチモーターです。モーターに対するニーズが多様な中で，同社はいずれかの要望を選択することはしませんでした。どうしたかというと，価格を3割引き下げたのです。ぴったりとはいえないまでも，大多数のニーズにある程度対応できるような標準品を何パターンかつくり，それを大量生産することで圧倒的な低価格を実現しました。購入側とすれば，自社製品の設計を少しだけ変更すれば，かなり安く調達することができます。その結果，多くの企業はマブチモーターの仕様を前提に，製品開発をするようになったのです[5]。

　低コストを武器に戦う戦略を，コスト・リーダーシップといいます。

この戦略を実現する鍵は，標準化と大量生産，そしてローコスト・オペレーションのための工夫や努力です。マブチモーターでは人件費の低い海外に早い段階から進出し，80年代半ばには海外生産比率ほぼ100%を達成しています。さらには各工場ともコストダウンの手を緩めません。

さて，マブチモーターの取り組みからもわかるように，コスト・リーダーシップを選択した次の段階は，オペレーション領域での取り組みに話が移ります。戦略とは離れた内容になるため，ここから先は差別化に限定して，その検討方法を説明します。

2 顧客の選択

2-1 顧客選択の意義

差別化が大切だということはほとんどの人が理解しているでしょう。その一方で，いざ差別化を検討しようとしたら，なかなか決断ができないのが現状です。決断できない共通した理由があります。あるホームセンターを例にして，その理由を説明します。

ホームセンターには売上を増やす定石があります。衝動買いを誘い，買い上げ点数を増やすことです。そのために店内に様々な商品を並べ，買い物客を回遊させて多くの商品を目に触れさせます。当然，店内での滞留時間が長くなるので，広い駐車場を用意します。また，多くの商品を陳列するために店舗を広くします。とはいうものの，ほとんどのホームセンターが同様のやり方なので，消耗戦に陥ってしまっています。体力のある大手ホームセンターが，調達コスト削減を通じたコスト・リーダーシップ戦略で生き残っているのが現状です。

一方で，Quiz3.3で紹介したコメリというホームセンターがあります。

この店舗には広い駐車場はありません。品揃えも多いわけではなく，店舗面積はむしろ小さい方です。それでも高い収益性を誇っている隠れた優良企業です。その背景にあるものが，顧客の選択です。コメリは，商圏1万人程度の農村や郊外で農業や工務店を営む50～60歳代の地元住民をターゲットにしています。そのような人は目的買いが多く，商品購入後にすぐに店を出ます。そのため，駐車場は広くなくても足りるのです。また日用品の品揃えを充実させる必要もないので，店舗が狭くても問題ありません。

　その代わりに何に力を入れているかというと，例えば商品を見つけやすいレイアウトや近くにあって気軽に寄れる店舗づくりです。仕事の途中で訪れる顧客もいるため，商品がすぐに見つからなければならないし，店舗も近くになければなりません。コメリは少数の大型店を出店するのではなく，小型の店舗をたくさん出店するようにしています。その方がアクセスしやすいからです。さらに興味深いのは，柔軟な支払いができることです。単なるツケ払いではありません。収穫期の秋まで待ってくれるのです。コメリがターゲットとする農家は，収穫期にならなければ現金が入らないからです[6]。

　コメリの例からもわかるように，提供価値にメリハリを付けるにはターゲット顧客が明確でなければなりません。様々な顧客層の要求に対応しようとすれば，様々な対応をしなければなりません。コメリが一般消費者もターゲットにしたら，駐車場や店舗などへも投資せざるを得なくなってしまいます。

　繰り返しますが，差別化には顧客の選択が不可欠です。言い換えれば，あえてある程度の市場を捨てる決断をしなければならないのです。Quiz3.4で取り上げたライフネット生命保険は，「わかりやすく，安くて便利な保険商品をインターネットで提供する」という方針を掲げています。特約を扱った場合は，保険商品が複雑になってしまいます。そうするとインターネットで完結できなくなってしまいます。それもひとつの要因になり，特約を求める市場を捨てる決断を下したのです[7]。

2-2　ペルソナをつくる

　ターゲットとする顧客・市場が不明確では，差別化要素の検討でもぶれが生じてしまいます。そうならないようにするためにも，"ペルソナ"をつくることを勧めます。

　ペルソナを直訳すれば仮面ですが，マーケティング用語では典型的な顧客の詳細な描写を意味します。典型的な架空の顧客を想定して，年齢や性別などの属性のほか，職業や家族構成，趣味嗜好やライフスタイルまでを盛り込んだプロフィールをつくります。消費者向けのビジネスだけでなく，BtoB（企業向けビジネス）でも可能です。その場合は，業種や従業員規模，売上高などの企業属性に加え，戦略，経営スタイル，経営者のタイプなどの特徴を使って，ペルソナを作ります。

　さて，例えばライフネット生命保険です。同社を立ち上げる際には，比較徹底派の「ローラ」，相談派の「プルソニ」，お任せ派の「マクシー」の3タイプに市場を分類し，以下のようなプロフィールをつくりました[8]。ターゲットにしたのはもちろん「ローラ」です。なお，もっと長い文章で描写されることもあります。

- ローラ：　積極的に情報を収集し，3～5社と丹念に比較して最適な商品を選ぶ。ウェブでの情報収集も頻繁。
- プルソニ：人のアドバイスを参考にして決めるが，商品内容もそれなりに理解して決めたい。コンサル型を求める。
- マクシー：金融商品を購入するのにあまり時間を費やすことを好まない。生保もGNP（義理・人情・プレゼント）として加入する。

3 差別化要素の検討方法

3-1 価値曲線と検討ツール

　差別化要素を検討するツールの1つが価値曲線分析です（他の手法はコラム3-1「ポジショニングマップと無差別曲線」を参照）。このツールを使って現状を整理した上で，あるべき姿を考えます。図表3-1は，コメリを例にして作成したものです。

　図表の下に列挙されているものは，顧客が取引するかどうかを決める際の判断基準になるものです。本書では価値要素と呼ぶことにします。
　価値要素ごとの提供水準が，折れ線グラフです。破線が現状の価値提供水準で，自社と競合企業の線が描かれています（図表3-1の「自社の現状」はコメリの戦略転換前という位置付けですが，全くの架空です）。そして，最終的に目指す姿が実線です（図表3-1では，コメリが目指している姿を描いています）。このような図はブルー・オーシャン戦略[9]でも使われていますが，この図自体は極めて一般的なものです[10]。
　この価値曲線を用いた分析は，以下の手順でなされます。

＜差別化戦略の検討手順＞
ステップ1：価値要素を列挙する
ステップ2：自社と競合企業の現状水準を描く
ステップ3：補足的に競合・市場分析を実施する
ステップ4：自社のあるべき価値曲線を描く

[図表3-1] 価値曲線の例

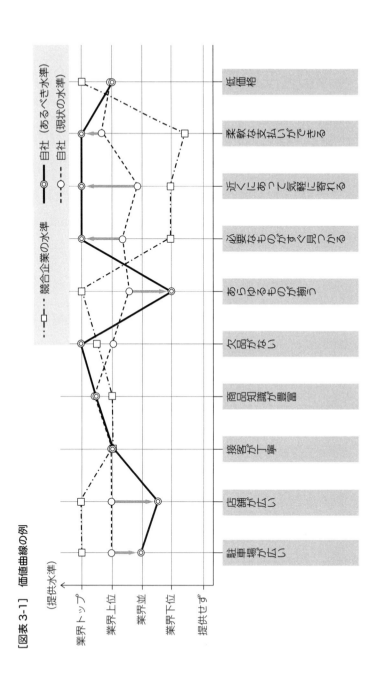

3-2　価値要素の検討と現状分析

　ステップ1と2が，現状の価値提供水準の分析に相当します。この分析を効果的に進めるためのポイントを説明します。

●偏りのない価値要素を列挙する

　比較する価値要素が偏っていれば，その瞬間に意味をなさないものになってしまいます。これが最も重要な注意点です。

　この演習をある製造業の技術者に実施したところ，製品機能ばかりが列挙されました。しかし，顧客は製品機能だけで購入するわけではありません。営業対応や提案，購入後のアフターサービスなど様々な要素を勘案します。実際に，驚異的な利益率を誇っているFA用センサーメーカーのキーエンスや，産業用ロボットメーカーのファナックは，製品機能だけが評価されているわけではありません。顧客企業の生産ラインを徹底調査して最適な製品を提案する提案営業力や，ライン停止を未然防止する保守サービス力が高く評価されています。いくら製品が高機能であっても，生産ラインと適合していなければそのパフォーマンスを十分に発揮できず，また工場にとっては生産ラインの停止による損害は購入価格をはるかに上回るからです。そのため，まずは幅広い価値要素を検討の土俵に上げなければなりません。意思決定は発散と収束でなされます。収束，つまり決める前に，考えを発散させなければなりません。

　とはいうものの，人間の思考は基本的には偏っています。自分の得意領域や関心がある領域のことしか，頭に浮かびません。そうならないように，強制的に考えを発散させる方法があります。ジョブ・マッピングと呼ばれる手法です。これは，顧客のジョブ（やるべきこと）を起点に価値要素を考える方法で，いくつかのコンサルティング・ファームから提案されています[11]。詳しくは，コラム3-2「ジョブ・マッピング」を参照ください。

●価値要素に余白を残す

　幅広い側面から価値要素を洗い出したとしても、画期的な差別化要素につながるものは、なかなか見つからないのが現状です。

　しかし、その後の議論の中で、事前に検討したもの以外の価値要素が浮かび上がることがあります。それらは競合他社が気づいていない可能性が高く、画期的な差別化要素になることも少なくありません。すぐに検討の土俵に上げられるように、価値要素の欄には3つ程度の余白を作っておくとよいでしょう。

●比較する競合企業を厳選する

　どの企業も多くの競合企業と戦っています。しかし、それらすべての価値曲線を描くべきではありません。線が多ければ、情報処理ができなくなってしまうからです。できれば3本以下に留めるべきです。

　競合企業の線を減らす方法は2種類あります。まず、競合企業をいくつかの戦略グループに分類してください。戦略グループとは差別化戦略の方針が似ている企業の集団です。そして、もしあなたの差別化戦略が白紙の状態であれば、各戦略グループを代表する企業のみを載せるようにしてください。反対にもし差別化の方向性がぼんやりとでも見えているのであれば、最も近い戦略グループから2～3社を取り上げるようにしてください。

●精緻さを求め過ぎない

　何かを分析する際には、どの程度の精緻さが必要なのかを考えることが大切です。もし製品開発を目的とした製品仕様の競合比較であれば、精緻な把握が求められるでしょう。しかし、戦略の検討ではそれよりも粗い現状把握でも判断ができます。もちろん、CS調査データがあればそれに越したことはありませんが、なかったとしても改めて調査をする必要はほとんどありません。市場に接している営業担当者の意見をもとに検討し、必要に応じて何人かの顧客にインタビューをすれば、だいた

いの傾向はつかめます。時間をかけて精緻な調査などせずに，素早く決めて素早く実行する方が大切です。

ただし新事業開発の場合は話が別です。まだビジネスの経験がないため，手がかりさえつかめないことがほとんどでしょう。その場合には，多少の時間をかけてでも調査をしなければなりません。CSポートフォリオ分析（84ページ）が1つの調査方法です。

4 競合・市場分析

残念ながら価値曲線だけでは，差別化要素を判断することはできません。ステップ3として，補足的な2種類の分析が必要です。

4-1 競合の特徴を分析する

競合企業の価値提供水準だけでは，情報が少な過ぎます。他の情報も整理しなければなりません。以下の項目を整理してください[12]。競合企業だけでなく，自社についても同様の整理が必要です。**図表C-6**（115ページ）を見れば，具体的なイメージがつくでしょう。

　＜競合分析の項目＞
- 業界内地位
- 業界内シェア
- 対象顧客層
- 差別化要素
- 強み／弱み

業界内地位や業界内シェアで，自社との体力差を把握します。業界内

地位とは，順位やポジションのことです。ポジションとは，リーダー，チャレンジャー，ニッチャー，フォロワーのいずれかです。

対象顧客層と差別化要素からは，戦うべき相手なのかすみ分けるべき相手なのかを判断できます。また強み／弱みの分析では，自社の強みと競合の弱みが重要です。自社の強みを活かすとともに，シェアを奪おうとする相手の弱点を突くためです。

4-2　顧客のニーズを分析する

特定企業を対象にする場合と，消費者や多数の企業を対象にする場合とでは，ニーズの分析方法が異なります。

●特定顧客の分析

Quiz3.5で取り上げた日本電産の話です。原価1,000円のモーターを3,000円もの価格で大量に購入してもらったスリーエムに，後日，永守重信社長は「あのときは儲かった」と言いました。そうしたら，「うちはもっと儲かったよ」と感謝されたそうです[13]。

このように，相手の業績に貢献できる価値を提案すれば，受け入れられる確率が高くなります。しかも，少々価格が高くても購入してもらえます。顧客企業にとっては，それ以上のリターンが期待できるからです。反対に，貢献できない価値をいくら提案したところで，扉を閉められるか買い叩かれるだけです。

相手の業績に貢献できる価値を考えるためには，ターゲットとする顧客企業の戦略分析が欠かせません。顧客企業が目指す勝ちパターンを把握し，それに寄与できる価値を考えるのです。

顧客の戦略分析のフレームは**図表3-2**です。また，**図表C-7**（117ページ）に，具体的な記入例があります。そして，この分析で特に考えるべきことは，次の2点です。

[図表 3-2] 戦略分析フレーム

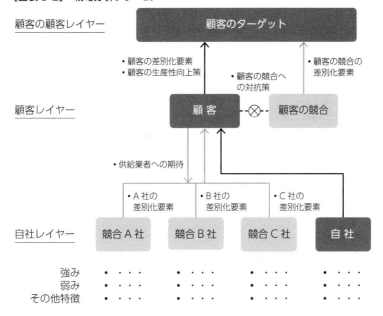

<顧客企業の戦略分析の基本>

- その顧客はどの層をターゲットにしており，そのターゲットにどんな価値を訴求しようとしているのか
- その顧客にはどんな競合企業が存在し，どのようにしてその競合企業を出し抜こうとしているのか

なお，提案先が顧客の特定部門の場合は，顧客の事業戦略よりも機能戦略を拠り所とすべきです。提案先が開発部門であれば開発戦略を，顧客の工場であれば生産戦略を分析してください。

● **不特定顧客の分析**

消費者向けのビジネスや多数の企業を相手にするビジネスであれば，マーケティング調査によって対象市場のニーズを分析します。調査方法

は様々ありますが，本書の戦略検討プロセスに適した手法を1つだけ紹介します。CSポートフォリオ分析です。

調査対象は，自社および競合企業の顧客です。調査票の質問項目には，価値要素を並べます。そして，現状の満足度だけでなく，購入する際に重視する度合いを5段階で回答してもらいます。縦軸に満足度を，横軸に重要度をとったマトリクスに，各価値要素がプロットされることから，CSポートフォリオ分析と呼ばれます（図表3-3）。

さて，ここでは図表3-3のような作図が目的ではありません[14]。価値曲線分析への反映が目的です。現状の満足度のデータからは，自社と競合企業の価値提供水準が読み取れます。現状の価値曲線を描く際に参考にしてください。そして購入する際に重視する度合いからは，ニーズの強さを読み取ることができます。このニーズの強さは，差別化要素の検討にとって貴重な情報になります。

[図表3-3] CSポートフォリオ分析の例

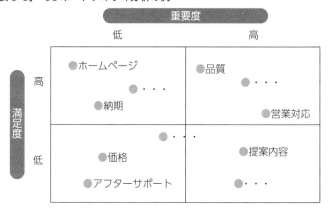

5 差別化要素の決定

　価値曲線，競合分析，顧客ニーズ分析の結果を統合して，差別化要素を選択します。これが最後のステップです。

　多くの人は，すべての価値要素で競合他社を上回りたいと思うでしょう。コストに糸目をつけなければそれでもよいかもしれません。しかし，現実はそのようにはいきません。戦略とは，最小の労力で最大のリターンを得られるような押しボタンを探すようなものです。たくさんのボタンを押そうとすれば，それだけ収益性が低下してしまいます。ダイソンやルンバ，あるいはコメリの例を思い出してください。優れた企業は，何かに特化しているのです。

　その押ボタンは，基本的には以下の3つの要件を満たすものです。ここでも3Cが登場します。

　＜差別化要素の3つの条件＞
- ターゲット顧客が強く求めているもの
- 自社の強みを活かせるもの
- 競合企業が追随できないもの

　ターゲット企業が強く求めているものは，顧客・市場分析の結果が手がかりとなります。自社の強みを活かせるものと，競合企業が追随できないものは，競合分析の結果をもとに考えます。

　なお，第2章で決定した事業コンセプトの「顧客便益」と整合していなければならないことは，言うまでもありません。

第3章 まとめ

☐ 競合企業との顧客獲得競争に勝つための基本戦略には，差別化とコスト・リーダーシップがある。差別化とは何らかの価値要素で競合企業と明確な違いを打ち出すことであり，コスト・リーダーシップとは低コストを武器に競合企業を圧倒することである。

☐ 差別化とコスト・リーダーシップはトレードオフであり，両方を追求しようとすればどっちつかずの状況に陥ってしまう。同じように，差別化要素の中にもトレードオフがあり，いくつもの価値を同時に追求することはできない。もちろん同時追求の努力は大切であるが，戦略と努力は違う。戦略策定では，スタンスを決めなければならない。

☐ 差別化要素を検討する手法の1つが価値曲線分析である。この分析を成功に導く最も基本的な要因は，偏りのない価値要素を検討の土俵に上げることである。そのためには，顧客のジョブ・マッピングなどの手法が使える。

☐ 価値曲線分析以外の手法としては，ポジショニングマップがある。新規事業開発では，ポジショニングマップの粗さが適している。一方，既存事業の見直しでは，価値曲線分析の精度が求められる。

☐ 差別化要素を選択するための情報は，価値曲線だけでは十分ではない。競合分析や顧客ニーズ分析も欠かせない。そのような補足分析を行った上で，ターゲット顧客が強く求め，自社の強みを活かせ，競合企業が追随できない価値要素を選択する。

コラム 3-1　ポジショニングマップと無差別曲線

競合企業との差別化要素の違いを表現する手法として，ポジショニングマップがあります。これは，4象限のいずれかに各社を位置付けるもので，価値曲線分析よりも粗い分析になります。

ただし，粗いから悪いというわけではありません。新事業開発の場合は価値曲線分析では詳細過ぎるため，むしろポジショニングマップぐらいの粗さが適しています。反対に既存事業の見直しの場合は，価値曲線分析のような精緻さが必要です。検討する事業戦略の新規性の高さに応じて，使い分けるとよいでしょう。

● ポジショニングマップの作成

ポジショニングマップ作成上のポイントは1つだけです。縦軸と横軸の設定です。図表3-4の右図が失敗例です。左図は上下左右に4つのベクトルがあるのに対して，右図は上方向と右方向の2つしかありません。この場合は，選択できる象限は右上と左下しかありません。

[図表3-4]　ポジショニングマップ

良い例：縦軸 新規性／安定品質，横軸 特化・専門化／フルカバレッジ

悪い例：縦軸 高品質／低品質，横軸 低価格／高価格

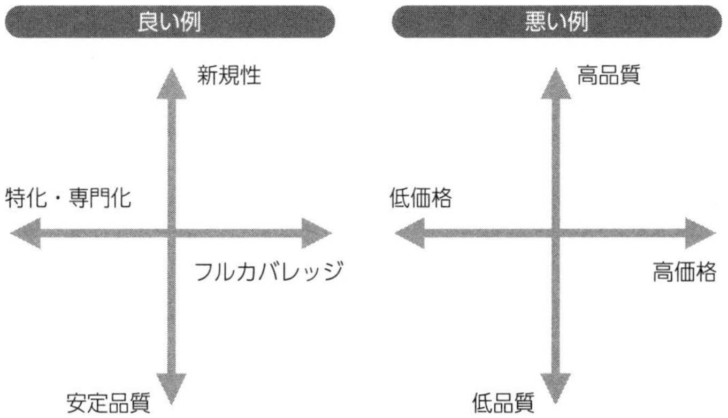

残りの2つはその後の努力の帰結に過ぎません。努力すれば左上になり、怠ければ右下になってしまうことを示すのみで、これは戦略的な選択とは異なります。4つの象限のすべてが選択肢になるように、上下左右にベクトルを持つような軸を設定しなければなりません。

● **無差別曲線の作成**

もちろん、2つのベクトルのみで各社のポジションを表すことが悪いわけではありません。その場合は、図表3-5のような無差別曲線で表すとよいでしょう。無差別曲線とは、同一の効用を与えるような組み合わせを表す曲線で、ミクロ経済学で用いられています。"曲線上は効用に差異がない"という意味で、「無差別（indifference）」という語句があてがわれています。差別化とコスト・リーダーシップとの間のバランスを把握する場合などには、無差別曲線が有効です。

この曲線上に競合各社を位置付けた上で、自社のポジションを考えます。もちろん、各社には能力差があるため、すべての企業が線上に位置づけられるわけではありません。能力の高い企業は曲線の外側に、能力の低い企業は内側に位置付けられます。

[図表3-5] 無差別曲線

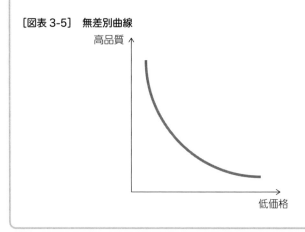

コラム 3-2　ジョブ・マッピング

　顧客からの要求は，顧客が自分のジョブ（すべきこと）を完了するためになされます。そのため，顧客のジョブを起点にして考えることで，適切な価値要素を洗い出すことができます。この手法は，顧客のジョブ・マッピング，あるいは顧客経験マッピングなどと呼ばれています。

　図表3-6はあるITベンダーの例で，Quiz3.6の答えです。IT機器の品質や機能以外にも，さまざまな要望があることがわかるでしょう。

　この図の上部に書かれたプロセスは顧客側のプロセスであり，ITベンダーのプロセスではないことに注意してください。そしてそのプロセスの各要素がジョブに相当します。このジョブごとに生じがちな問題や悩みを通じて，供給業者への要望を考えます。具体的な検討手順を以下で説明します。

ステップ1：一連の顧客のジョブを定義する

　ここでも大切なことは，上流から下流までを網羅することです。取り上げるジョブが部分的であれば，導き出される価値要素も部分的なものになってしまいます。もし，適切なジョブを定義できなければ，「問題認識」→「情報収集」→「購入」→「使用」→「廃棄」という汎用パターンを応用してみてください。

ステップ2：ジョブごとの達成基準を考える

　ジョブごとに，顧客が考える達成基準があります。顧客は，そのジョブがどうなればよいと思っているのかを考えてください。QCT（Quality：品質，Cost：コスト，Time：スピード）の観点で考えるとよいでしょう。

ステップ３：ジョブごとの供給業者への要望を考える

各ジョブの達成基準をクリアするための顧客側の問題を考えた上で，供給業者への要望を洗い出してください。その際，顧客視点で表現することが大切です。例えば，「○○解析手法による修理」は企業側の表現であり，顧客の要望は「素早く修理をして欲しい」です。

こうした手順を経て抽出された顧客の要望が，価値曲線分析に用いる価値要素の候補になります。恐らく20個以上の顧客要望が洗い出されます。類似のものを統合し，さらにはありきたりなものを削除して，十数個に絞り込んでください。

なお，本書では価値曲線分析の手段として，つまり価値要素を洗い出すためにジョブ・マッピングを使っていますが，特に営業担当の方であれば，この分析だけでも役に立つはずです。

[図表3-6] ITベンダーのジョブ・マッピング

顧客のプロセス	問い合わせ商談	購入(製品自体)	設置	精算	修理
達成基準	・十分な理解 ・適切な比較	・高品質 ・最適な機能	・短納期	・効率	・即時対応 ・再発防止
供給業者への要望	・専門知識がある人に答えて欲しい ・丁寧に説明して欲しい ・すぐに駆けつけて欲しい ・良いものを提案して欲しい	・信頼性が高い方がよい ・使いやすい方がよい ・自社の環境にぴったりの性能・機能の製品が欲しい	・設置までの期間を短くして欲しい ・丁寧に設置して欲しい ・納期を守って欲しい	・手間がかからない方がよい ・一回のやり取りですべて完了したい ・わかりやすい料金体系にして欲しい	・素早く修理をして欲しい ・時間がかかる場合は中間報告をして欲しい ・トラブルの再発防止を徹底して欲しい

【注】

1 マイケル・E・ポーターは，この2つそれぞれに対して「集中」という変数を加えている。これはターゲットを広げるか狭めるかのことであり，本書では第1章の事業コンセプトで扱っている。重複を避けるために，ここでは取り上げない。
 Michael E. Porter (1985) *Competitive Advantage*, Free Press.［土岐坤・中辻萬治・小野寺武夫訳（1985）『競争優位の戦略』ダイヤモンド社。］
2 ポーターの書籍タイトルが「競争優位」であるのに対して，本書では「市場戦略」という章で取り上げていることに違和感を持つ方もいるかもしれない。これには大きな違いはない。両者とも「市場を巡る競合企業との競争」を扱っており，どちらの側面を表題に取り上げるかだけの違いである。
3 「ダイソンのものづくり哲学」『日経ものづくり』2013年2月号。
4 Michael E. Porter (1996) What Is Strategy?, *Harvard Business Review*, 74 (6)：61-78.［DIAMONDハーバード・ビジネス・レビュー編集部訳（2011）「新訳 戦略の本質」『DIAMONDハーバード・ビジネス・レビュー』36 (6)：60-89。］
5 「マブチモーター：もっと安く！」『日経ビジネス』2001年11月5日号。
6 「コメリ農村制圧，連続増益20年」『日経ビジネス』2006年9月4日号。
7 岩瀬大輔（2013）『ハーバードで学び，私が実践したビジネスプラン』PHPビジネス新書。
8 同上書。
9 W. Chan Kim and Renée Mauborgne (2005) *Blue Ocean Strategy: How to Create Uncontested Market Space and Make the Competition*, Harvard Business School Press.［有賀裕子訳（2005）『ブルー・オーシャン戦略：競争のない世界を創造する』ランダムハウス講談社。］
10 ブルー・オーシャン戦略はこの図にオリジナリティーがあるわけではなく，ブルー・オーシャンを探すためのメンタルモデルの払拭方法に特徴があると理解している。
11 例えば，Benson P. Shapiro, V. Kasturi Rangan and John J. Sviokla (1992) Staple Yourself to an Order, *Harvard Business Review*, 70 (4)：113-122. Clayton M. Christensen, Scott Cook, and Taddy Hall (2005) Marketing Malpractice: The Cause and the Cure, *Harvard Business Review*, 83 (12)：74-83. およびLance Bettencourt and Anthony W. Ulwick (2008) The Customer-Centered Innovation Map, *Harvard Business Review*, 86 (5)：109-114.
12 著者による分類。
13 日本経済新聞社（2004）『日本電産：永守イズムの挑戦』日本経済新聞社。
14 この図表からだけでもある程度の判断ができる。左上は過剰品質ゾーンである。顧客が重視していないのに力を入れている項目であり，そこからは力を抜くべきといえる。一方，右下は問題ゾーンである。顧客が重視しているにもかかわらず，十分な価値を提供できていないものであり，今後の強化が急務だといえる。

第4章
状況別の差別化戦略

前章では差別化戦略の汎用的な策定方法を説明しました。しかし，各社が置かれている状況によって，考慮すべきポイントは異なります。本章ではいくつかの状況別に，差別化戦略の検討ポイントを説明します。同時に力を抜くべき価値要素の選択方法も説明します。

Quiz

● Quiz4.1　トヨタ

少し前にトヨタ自動車は,「免許を取りに行こう」というCMを流しました。免許を取ったとしても,トヨタ車を買うとは限りません,それなのに,なぜ経費を負担してまでそのようなCMを流したのでしょうか。

● Quiz4.2　ルンバ

前章でも取り上げた,ロボット掃除機についてです。少なくとも2010年代初めの時点では,ロボット掃除機の掃除機能には課題が残っていました。さて,ルンバには掃除機能では勝てないと考えていた企業があったとします。その企業は掃除機能以外で差別化したとすれば,上手くいくでしょうか。

● Quiz4.3　建設資材商社

建設資材商社に対するゼネコンからの価格圧力は,かなり厳しいものだそうです。極端にいえば,安い価格を提示した商社に,発注がなされます。そうならないように,建設資材商社も策を考えています。価格競争から逃れるために,どのようなことをしているでしょうか。

本文を読む前に，以下のQuizを考えてください。

● Quiz4.4　DRAMメーカー

　日本の半導体メーカーのDRAMは，もともとは大型コンピュータ向けに設計されていました。大型コンピュータは20年以上稼働します。そのため20年以上の品質保証を求められ，日本の半導体メーカーはその要望に応えてきました。その後，主要用途がパソコンに移った際には，大型コンピュータで培った高品質のDRAMを供給しました。その結果，どうなったでしょうか。

● Quiz4.5　吉野家

　かつて吉野家の経営幹部の方に聞いた話です（今もそうかはわかりません）。吉野家の社員教育では，お客様に対して"いらっしゃいませ"と"ありがとうございました"しか話しかけるなと教えているそうです。少なくともこの2つは話しかけなさい，ではありません。なぜでしょうか。

● Quiz4.6　スリーエム

　産業，生活，ヘルスケアなど幅広い分野に製品を供給するスリーエムという企業があります。スリーエムではお客様の問題を解決するための，新規性の高い製品を開発することで成長してきました。以前，同社の経営幹部に聞いた話です。競合他社の参入で市場価格が下がると，通常は利益を維持するためのコストダウンを図ります。しかし，スリーエムでは生産革新のための投資はしないそうです。もちろん，誇張して言っているのでしょうが，ここには重要な意味が隠されています。どんな意味があるのでしょうか。

前章では，差別化戦略の一般的な検討方法を説明しました。しかし，置かれた状況によって検討ポイントは異なります。本章では，いくつかの状況別に，差別化戦略を考えるためのより具体的な方法を説明します。

　ここでもう1つの重要な意思決定があります。何かに力を入れるためには，別の何かから力を抜かなければなりません。力を抜く価値要素の検討は，差別化要素の検討と同様に重要であり，しかも一層難しい決断です。その検討方法も，説明します。

1 差別化要素の状況別検討方法

　差別化要素の検討で考慮すべきことには，以下のようなものがあります。それぞれ，どんな観点から検討すべきかを説明します。

<差別化要素の検討で考慮すべきこと>
- 市場ポテンシャルのありか
- シェア構造
- 基本的価値の提供水準
- 実質的な意思決定者
- 順序

1-1　市場ポテンシャルから考える

　第2章の3C分析を思い出してください。魅力的市場の量的条件として，市場規模，市場の成長性，未開拓市場の存在を挙げました。この中のどれが魅力的なのかによって，差別化要素の検討ポイントが異なります（図表4-1）。

[図表4-1] 市場構造と差別化要素

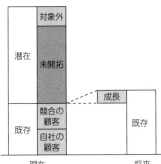

未開拓市場の開拓

【状況】
- 従来市場の拡大は望めないが、刈り取られていない市場規模が大きい。

【定石】
- 従来からの価値では吸引できない。未開拓層特有の価値を提供する。

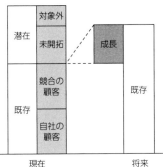

成長市場の取り込み

【状況】
- 既存市場の規模が拡大、もしくは新しい顧客層が購買層になってきている。

【定石】
- 既存市場とのニーズの違いを把握し、成長市場特有の価値を提供する。

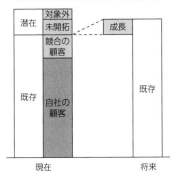

既存市場の攻略（自社の顧客）

【状況】
- 市場は刈り取られ、成長余力もない。
- 自社のシェアは高い。

【定石】
- 自社顧客を深耕するための価値を提供する。

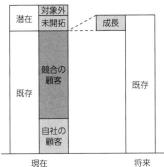

既存市場の攻略（競合の顧客）

【状況】
- 市場は刈り取られ、成長余力もない。
- 自社のシェアは低い。

【定石】
- 競合企業のシェアを奪うための価値を提供する。

状況別の差別化戦略　第4章

● **未開拓市場を開拓する場合**

　未開拓市場を攻めようとした場合は，従来とは全く異なる価値を考えなければなりません。なぜならば，その時点では購入してくれていないからです。その際に考えるべきことは，「なぜ購入してくれないのか」です。購入してもおかしくない顧客層にそうしたインタビュー調査をしてみましょう。

　前章のスターバックスコーヒーの Quiz に関連していえば，セルフ型コーヒーショップに行きたくても行かなかった人であれば，タバコのにおいが髪や洋服につくからなどという理由を挙げることでしょう。そうした不満を解消できる価値で訴求すべきです。

● **成長市場を取り込む場合**

　市場の成長分を取り込もうとした場合に考えなければならないことは，既存市場と成長市場のニーズが同じかどうかです。もし同じであれば特別な検討は必要ありません。異なるのであれば，成長市場固有のニーズに対応する必要があります。ただし，既存市場のニーズと相反する場合には注意が必要です。

　少し古い話になりますが，1970年代にペプシコーラがコカ・コーラの牙城を崩すことができたのは，市場の成長分を上手く取り込んだことにあります。愛飲者の多いコカ・コーラからシェアを奪うことが難しいと考えたペプシコーラは，これからコーラを飲み始める若者に狙いを定めました。その顧客層は甘い味を好むため，ペプシコーラは甘くしたのです。

　巻き返しを図ろうとしたコカ・コーラは，1985年に対抗策として甘みを増した「ニュー・コーク」と投入し，従来のコーラを店頭から一掃しました。すると，従来からの愛飲者の離反が進み，一部地域での不買運動に発展してしまったのです[1]。既存市場が収益源だったコカ・コーラにとって，少なくとも従来のコーラを一掃してしまったことは，正しい戦略だったとはいえません。

● 既存市場を攻める場合

　既存市場にさらなる浸透を図る場合は，自社のシェア状況によって方法は分かれます。自社のシェアが高い場合は自社顧客の維持・深耕が基本であり，他社のシェアの方が高い場合は競合からの奪取です。そして，そのための差別化要素は変わります。次の「シェア構造から考える」で詳しく説明します。

1-2　シェア構造から考える

　3社から数社でシェアの多くを押さえている場合は，シェア構造を意識した検討が役立ちます（図表4-2）。日本の自動車業界や化粧品業界などをイメージしてください。ちなみに，極めて多くの企業が少しずつシェアを押さえているような状況は，競合他社の動きにあまり影響を受けません。そのような場合は，ターゲット顧客のニーズだけを考慮すれば大丈夫です。

[図表4-2]　シェア構造と差別化要素

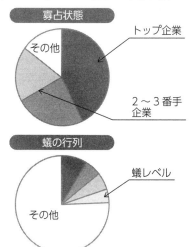

●トップ企業の場合

　トップシェアの企業は，それまでの競争ルールを踏襲し，自分からは動かないことが基本です。2～3番手が奇襲作戦を仕掛けてくるかもしれませんが，それが上手くいきそうだった場合は，模倣すればよいのです。経営資源が豊富なトップ企業であれば，追いつくことができます。リスクは2～3番手企業に負わせるのです。

　しかし，それでは成長が望めません。トップ企業が成長するための1つの方法は，自社顧客の深耕です。シェアが高いほど，競合のシェア（しかも僅かしかないシェア）を奪う努力の費用対効果は低下します。既存顧客という重要な資産を活用し，再購入や買い上げ点数の増加，アップグレードを促すのです。そしてそのための価値要素は，多くの場合は購入してもらった後のことです。

　トップ企業が成長するためのもう1つの方法は，市場規模の拡大です。つまり，未開拓市場の開拓です。Quiz4.1で紹介したように，少し前にトヨタが「免許を取りに行こう」と訴えるCMを流していました。もちろん，このCMを見て免許を取った人がトヨタ車を買うとは限りません。しかし，シェアが大きいトヨタが最も恩恵に預かれるはずです。このCMは業界トップのトヨタだから意味があるわけで，シェアが小さい光岡自動車では意味がありません。なお，未開拓市場開拓のための価値要素の検討方法は，既に説明した通りです。

●2～3番手企業の場合

　2番手，3番手企業は，トップ企業との違いを出さなければシェアを奪うことができません。その際に検討すべきポイントは2つあります。

　1つ目は，トップ企業の顧客が抱いている不満を把握することです。寡占が進んでいるほど，不満を持ちつつ仕方なく購入している顧客層は存在します。例えば自動車保険業界です。事故率が少ないにもかかわらず仕方なく規定の保険料を支払っていた層に目を付けたのが，"走った分だけ"とするソニー損保やセゾン自動車火災保険の「おとなの自動車

保険」です。そしてこうした不満を見つける手段は，トップ企業の顧客へのインタビューです。

そしてもう1つのポイントは，トップ企業に追随されない価値要素を考えることです。NTTドコモに対して講じたauの一手が非常にわかりやすいでしょう。2012年にauはスマートバリューというサービスを導入しました。これは「auひかり」などのインターネット固定回線とのセット割引です。しかし，NTTドコモは追随できませんでした。なぜならば，電気通信事業法によってNTTドコモとNTT東日本や西日本（光回線の「フレッツ光」）とのセット販売が制限されていたからです[2]。そして，こうしたトップが追随できない価値要素を見つけるためには，トップ企業の弱みを徹底分析することが重要です[3]。

1-3　基本的価値の充足水準から考える

それぞれの事業には，その事業に本来的に求められる基本的な価値があります。もし，その基本的価値が市場の要求水準を満たしていなければ，その価値要素を徹底強化すべきです。基本的価値が市場の要求水準を下回っている段階では，他の要素での差別化の効果は期待できません。差別化ができたとしても，市場規模は極めて小さいものになってしまうでしょう。

例えばデジタルカメラの基本的価値は画像の鮮明さです。デジタルカメラが出始めたときには，当然のことながら画像がかなり粗かったわけです。その段階では"画像の鮮明さ"という価値を追求しなければ全く振り向いてもらえません。

掃除機の基本的な価値要素は，掃除機能です。ロボット掃除機でいえば，日本企業が参入し始めた2011年頃の掃除機能は，市場の要求水準を超えてはいませんでした。Quiz4.2のように，この段階で例えば「話しかける機能」を付けても，購買につながる決定要素にはなり得ません。

そして，やがて基本的価値が市場の要求水準を追い越すときが来ま

[図表 4-3] デジタルカメラにおける要求・提供水準の推移

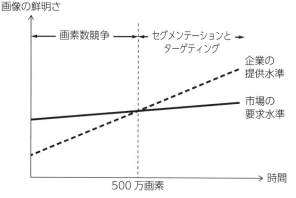

す。そうすると,基本的価値を高めたところで顧客はその対価を払おうとしなくなります[4]。その段階では市場を細分化し,いずれかのセグメント特有の価値を考えることになります。デジタルカメラでいえば,500万画素を超えた2000年代半ば辺りからその傾向が現れました（**図表4-3**）。手ぶれ防止機能や夜間でもきれいに写せる高感度撮影機能が訴求され始めたのもこの頃です。ロボット掃除機も,やがては多様なセグメントに対する多様な価値の訴求がなされることになるでしょう。

　ちなみに,いずれのセグメントでも提供水準が要求水準を上回り,差別化が効かなくなった状態がコモディティー化です。そうなった場合は,通常はコスト・リーダーシップ戦略に転じるしかありません。価格競争で競合他社を振り落とすために,合併や買収によって規模の経済性を高めようとする動きが多くなります。2000年を過ぎてから,パソコン業界や携帯電話業界での合従連衡が進んだのは,コモディティー化に近づいていたことも理由の1つでしょう。

1-4　意思決定者から考える

　要望を聞く相手を選ぶべき場合もあります。決定権限がある人の要望

を重視すべきです。例えば，医薬品の発注は用度課（企業でいう購買課）からなされますが，用度課の要望を満たしたからといって発注が増えるわけではありません。医師や看護師が実権を握っています。

実質的な意思決定者が顧客企業の外にいる場合もあります。Quiz4.3で述べた通り，ゼネコンからの建設資材の発注は，とりわけ価格が重視されます。価格競争から脱却するために，資材商社は設計事務所に通い，自社が仕入れるメーカーの型番を図面に入れてもらう努力をしているのです。それが上手くいけば，ゼネコンはその資材を使わざるを得なくなり，無理な価格要求をしづらくなります。つまり，ゼネコンの要望よりも，設計会社の要望を重視することが得策なのです。

1-5 順序を考える

ここまで様々なパターンを紹介しましたが，それでも提供価値を絞り切れないことはあるでしょう。その場合は，時間軸を考慮してください。複数の価値を同時に提供することはリソース的に困難なので，時間をずらすのです。

その際には順序を吟味しなければなりません。良い例は，かつての日本マクドナルドです。7年連続で売上が減少していた日本マクドナルドのCEOに2004年に迎え入れられた原田泳幸氏は，店舗をきれいにし，そして従業員は基本動作をきちんとできるようにすることから始めました。それ以外のことはさせませんでした。それが徹底された翌年にはハンバーガーを100円で売り出しました。長年にわたって200円程度だったハンバーガーが100円で食べられるということで，多くの人が買いに来ました。もし店舗が汚れていたら，あるいはもし従業員のサービスがぎこちなかったらどうなったでしょうか。「安かろう悪かろう」と思われ，二度と足を運んでもらえなくなってしまったでしょう。しかし実際はその逆であり，多くの消費者はサービス品質の高さに感心しました。そうして固定客が増えていったときに，満を持してメガマックなどの付加価値商品

を投入したのです。その結果，4年間で売上が25%も増加しました[5]。

この順序が逆だったらどうでしょうか。サービス品質が低い段階でメガマックを販売したら，消費者をがっかりさせるだけで終わったでしょう。価値を提供する順序が大切なのです。

2 捨てる価値要素の検討方法

何かに力を入れたら，何かから力を抜かなければなりません。これは差別化要素の決定よりも，はるかに難しい決断です。

基本的には，ターゲット顧客が求めていない価値要素からは力を抜くべきです。それ以外の検討ポイントは，2つあります。

2-1 過剰品質を是正する

日本企業によくある判断ミスが，過剰なまでの品質の追求です。1980年代に世界を席巻した日本の半導体メーカーが，1990年代に入って韓国メーカーに逆転された理由の1つも，過剰品質だったといわれています。Quiz4.4で説明した通り，日本の半導体メーカーのDRAM[6]は，もともとは大型コンピュータ向けに設計されていました。そこでは20年以上の品質保証を求められます。その後，主要用途がパソコンに移りました。パソコンは3年程度で買い替えられます。それなのに大型コンピュータ向けと同じ品質保証体制を維持し続けたことから，パソコン向けの低価格DRAMを投入したサムスン等にシェアを奪われたとされています[7]。

顧客に聞けばあった方がよいと答えるものの中には，あったからといって，その対価を払ってくれないものもあります。そのようなものは，止めるか水準を引き下げるべきです。

LCC（Low Cost Carrier：格安航空会社）は飲食などの機内サービ

スなどを削減し，イケア（IKEA）は家具の組み立てや設置，配送をセルフサービスにしました。そしてそれらにかかっていたコストを，別のサービスや低価格に反映したのです。

　セブン銀行のATMもその一例です。硬貨が使用できなくても，ほとんど不便を感じません。しかし，硬貨を使用できるようにすれば，それだけコストアップにつながります。セブン銀行ではそのような機能をどんどん省き，通常は800万円するATMを200万円程度に抑えました。

　品質やサービスにはコストがかかるということを念頭に置き，適正な品質水準，適正なサービス水準を見極めなければなりません。

2-2　トレードオフを見つける

　差別化要素とトレードオフになっている価値要素の水準を引き下げたり，提供自体を止めるという考え方です。ダイソンは静音性を犠牲にし，ライフネット生命保険は特約をあきらめました。

　トレードオフを見つけるためのフレームがあります。マイケル・トレーシーとフレッド・ウィアセーマが整理した3種類のバリュー・プロポジション（価値提案）です[8]。差別化要素は様々なものがありますが，それらは3つのパターンに分類されるという考えを提示しました。学術的に実証されたわけではありませんが，ビジネスパーソンにとって腑に落ちるものだったため，瞬く間に普及しました。その3種類とは，「業務の卓越性」，「製品の革新性」，「顧客との密着度」です。詳細は**図表4-4**をご覧ください。

　この3種類は両立が難しいものです。Quiz4.5を解説すると，吉野家は「うまい，やすい，はやい」を目指しています。吉野家の従業員が顧客と会話をすれば手が止まり，コストアップになってしまいます。顧客も従業員との世間話を楽しみに来るわけではありません。「いらっしゃいませ」と「ありがとうございました」以外の会話を交わすことは，お互いにとってメリットがないのです。一方で，例えば高級ホテルのリッツ・

カールトンのように，顧客別の対応をすることで高い評判を得ているところもあります。吉野家がリッツ・カールトンを模倣しても上手くいくはずがなく，逆もまたしかりです。

Quiz4.6のスリーエムの例を説明すると，生産革新をしないといったその経営幹部は，こう説明していました。「うちの会社は生産革新ができなくても存続できるが，新商品が生まれなくなったら，その瞬間に途絶えてしまう」。スリーエムは，競合が手掛けていない新規性の高い商品で高い利益を得ることが戦略です。成熟した事業は，実際に売却もしています。それと対極をなすのは船井電機です。ビデオデッキにしても液晶テレビにしても，その商品が世に出たときには動き出しません。商品が成熟して設計のモジュール化が進み，また部品を供給するメーカーが育った頃に動き出します。外部から部品を調達し，トヨタから学んだ驚くほど効率的な組み立てラインで安く作り上げます。販売価格は低いけれども，生産コストがさらに低いため，高い収益性を保っています。もし両社が相手のやり方を導入しようとすれば，その途端に歯車がくるってしまうでしょう。

[図表4-4] バリュー・プロポジション

バリュー・プロポジション	業務の卓越性	製品の革新性	顧客との密着度
一言で説明すると	・品質・価格・購入簡便性を含む総合力で，最高水準を保つ。	・未知の製品，試したことのない製品を提供し続ける。	・市場全体ではなく，特定顧客に「あなたに最適なトータルプラン」を提供する。
普遍的なルール	・多様性が効率をダメにする。	・ブレイクスルーにて成功体験を凌駕する。	・顧客の広範な問題・課題を解決する。
企業例	・吉野家 ・船井電機 ・マクドナルド ・ユニクロ	・スリーエム ・インテル ・ソニー ・ナイキ	・リッツ・カールトン ・IBM

出所：Treacy and Wiersema（1994）をもとに作成。
※ 企業例は一部修正。

第4章 まとめ

☐ 第3章での汎用的な検討方法に対し，本章では置かれた状況別の差別化要素の検討ポイントを取り上げている。

☐ 考慮すべき状況の1つが，市場ポテンシャルである。未開拓市場を狙う場合は，それまでの提供価値以外で差別化する必要があり，なぜ購入しないのかと尋ねるべきである。市場の成長分を取り込もうとした場合は，既存市場に対する価値要素と同じかどうかを見極めなければならない。既存市場を攻める場合は，シェア構造が影響する。

☐ 自社がシェア1位の場合は，基本的には自ら動かずに，リスクは2～3番手企業に負わせるべきである。上手くいった場合は，模倣すればよい。一方で2～3番手企業は，トップ企業に追随されないように，トップ企業の弱みを分析すべきである。また，極めて多数の企業が乱立するような業界では，競合企業の動きは無視し，ターゲット顧客のニーズだけを見ればよい。

☐ それ以外に考慮すべきこととしては，基本的価値の充足状況や意思決定者，価値を提供する順序などがある。

☐ 何かの価値要素を強化すれば，何かを捨てなければならない。その方がはるかに難しい決断である。判断基準は2つある。1つは過剰品質であり，顧客が対価を支払わない水準を是正する。2つ目はトレードオフであり，引き上げる価値要素と二律背反なものを引き下げる。

【注】

1 Bruce C. Greenwald and Judd Kahn (2005) *Competition Demystified*, Portfolio. ［辻谷一美訳（2012）『競争戦略の謎を解く』ダイヤモンド社。］
2 なおNTTドコモは2015年3月より「ドコモ光」を開始し、同時にドコモの携帯電話・スマートフォンのセット割引「ドコモ光パック」の提供を開始した。
3 山田英夫は、トップ企業の弱点を突く以外の方法として、資産の負債化（相手の資産を無価値にするようなことをする）、論理の自縛化（相手が発信してきたメッセージと異なることをする）、事業の共喰化（相手の事業を代替することをする）を挙げている。
山田英夫（2004）『新版 逆転の競争戦略：競合企業の強みを弱みに変える』生産性出版。
4 Clayton M. Christensen (1997) *The Innovator's Dilemma: When New Technologies Cause Great Firms to Fail*, Harvard Business School Press. ［玉田俊平太監修、伊豆原弓訳（2001）『イノベーションのジレンマ：技術革新が巨大企業を滅ぼすとき』翔泳社。］
5 原田泳幸（2013）『日経ビジネス経営教室：成功を決める「順序」の経営』日経BP社。
6 DRAMはDynamic Random Access Memoryの略。情報を一時的に蓄える役割の半導体メモリー。
7 湯之上隆（2009）『日本「半導体」敗戦』光文社。
8 Michael Treacy and Fred Wiersema (1994) *The Discipline of Market Leaders: Choose Your Customers, Narrow Your Focus, Dominate Your Market*, Perseus Books. ［大原進訳（1995）『ナンバーワン企業の法則：カスタマー・インティマシーで強くなる』日本経済新聞社。］

ケーススタディ：生地商社（2） 市場戦略の策定

　企画担当役員であるあなたは，3つの案の中から，C案「アパレルメーカーのグローコム社のレディースブランド"フローリア"向けに，生地で差別化されたカットソーを企画・生産し，相手先ブランドで供給（ODM供給）することで，品揃えの魅力向上に貢献する」を選んだ。成功したとしても大きな取引額にはならないが，取引先の選定に厳しいグローコム社の取引先枠に入ったという実績は，その後の製品事業を後押しすると考えたからだ。

　あなたが次にすべきことは，詳細戦略を立てることである。あなたはフローリアの取引先の4つの枠に入るべく，フローリアに対して具体的にどんな価値を提供すべきなのか，またどんな価値であれば現状の取引先4社と差別化することができるのかを考えることにした。そして，再び企画部門の社員を呼び，さらに詳細な状況を調べさせた。

▶フローリアを取り巻く企業の整理

　まずフローリアを取り巻く企業を整理する。

　取扱商品の多くは，自社で企画生産している。自社の生産部門では，商品企画に沿って糸や生地などの材料を選定・調達し，縫製工場に製造委託する。武田商会の生地事業も，取引先に名を連ねている。

　そして，自社の生産を補完するために，製品レベルでのOEM・ODM調達をしている。取引業者は，矢作，ミキ商事，脇定，モリモトの4社である。繰り返しになるが，グローコム社では取引先を増やさないという調達方針がある。そのため，武田商会がフローリアに製品供給をするためには，この4社のいずれかを引きずり下ろさなければならない。なお，フローリアではアクセサリーや小物類も販売しているが，その調達先はこれら4社とは別の企業である。

　一方，川下に目を向けると，アパレル小売に卸すよりも，自社での販売に力を入れている。そして，都心の駅ビルやファッションビルに自社のブランドショップをテナント出店している。

▶現状の価値提供水準（競合比較）

フローリア向けに製品供給をしている4社について，各価値要素の水準を推定した結果が図表C-4の価値曲線である。なお，比較すべき価値要素を偏りなく洗い出すために，アパレルメーカーのODM調達プロセスを分析した（図表C-3）。なお主要な価値要素のみを載せている。

各社の提供水準は，グローコム社を含むアパレルメーカーのバイヤーへの非公式インタビュー，これまでの製品供給実績，武田商会の営業担当からの情報などを勘案して推定した。また，武田商会の現状水準は，これまでのOEM供給の実績を参考に作成した。厳密には正確とは言えないが，傾向は間違っているわけではなく，差別化戦略の意思決定には十分使える精度である。

[図表C-3] アパレルメーカーのODMプロセスと価値要素

アパレルメーカーのODM調達・販売プロセス		価値要素
商品企画	・シーズンテーマ，商品ラインアップ，各商品のコンセプトの検討	・トップ同士の人間関係 ・担当者同士の人間関係 ・トレンド情報・競合情報の提供 ・デザイン提案 ・素材や加工方法の提案
販売・プロモーション企画	・販売計画，予算作成 ・広告宣伝や店頭での展開方法，販売方法	
生産・調達企画	・内部生産，OEM調達，ODMの切り分け	
サンプル発注	・発注先の検討 ・サンプルを発注	・商品ラインの広さ ・商品アイテムの深さ ・価格競争力
正式発注	・サンプル品の評価 ・正式発注	・品質（基本機能）の高さ ・品質（付加機能）の高さ ・大ロット（全店舗分）同時納入
販売・追加発注	・アパレル小売への販売や店頭での販売 ・販売状況に応じた追加発注	・不良品対応 ・小ロットでの逐次納入 ・返品対応

[図表 C-4] 現状の価値曲線

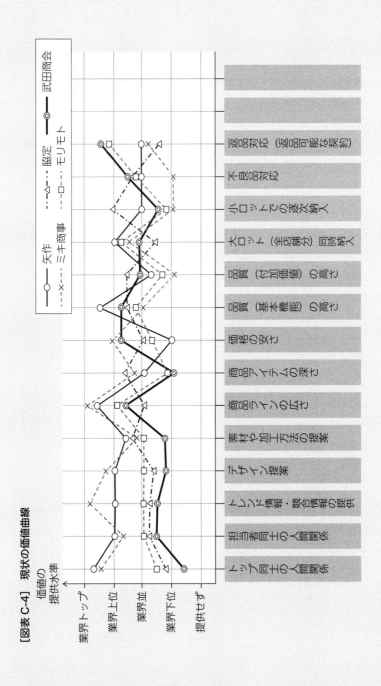

ケーススタディ（2） 111

● 設　問

　あなたが考えるべきことは，どの価値要素で差別化するかである。そして，何かに力を入れるためには，何かから力を抜かなければならない。その難しい判断も下さなければならない。ちょうどそのとき，企画部門に頼んでおいた，フローリアの戦略と調達状況（**図表C-5**），そして競合となる取引先4社の分析（**図表C-6**）が届けられた。

　以下の情報を読み，力を入れる価値要素と，力を抜く価値要素を3つ程度ずつ選び，その理由を説明していただきたい。また，**図表C-4**に記載された14の価値要素以外で，思い切って力を入れる要素，あるいは思い切ってやめるべき要素があれば，その項目を挙げるとともに，理由も説明すること。

▶フローリアの戦略分析

　フローリアがターゲットとする顧客層は，OLである。そしてビジネスシーンを対象にしている。堅苦しいオフィスウェアではなく，アフターファイブにも十分に通用するカジュアルなものである。

　フローリアの競合ブランドは，アパレル業界トップ企業フェニックス社の新流通ブランド"キャッスル"である。フローリアと同様にOLのオフィスウェアをターゲットにしているが，フローリアよりも冒険している。見た目を重視した色鮮やかな商品が特徴であり，またテレビや雑誌を使ったイメージ広告にもかなりの投資をしている。重衣料が得意だが，トップス，ボトムを含めたバランスを意識している。トータルコーディネートを提案するためだ。

　2年前にこのキャッスルにトップシェアを奪われたのは，キャッスルの成功というよりも，フローリアの自爆といった方がよい。シーズン前に大量発注をしたのだが，思ったより売れ行きが良くなかった。仕方なく値下げを繰り返したところ，収益の悪化と固定客の離反を招いてし

まったのである。売れ行き低迷の背景には，オフィスウェアの傾向の変化がある。比較的自由な服装が許されるネット系企業の台頭や，伝統的な企業でもクールビズが普及したことなどによって，ビジネスカジュアルの需要が増えた。それに伴ってオフィスウェアの売上は，たとえ定番品であろうと，流行を取り入れたかどうかに大きく左右されるようになってきたのである。

しかも，その流行が読みにくくなっていることもある。以前はパリやミラノのコレクションで方向づけられたトレンドに沿って商品コンセプトを考えていれば大きく間違えることはなかったが，その影響力が徐々に低下している。シーズン中であっても，その時点の流行を捉えた商品を迅速に投入することが欠かせなくなってきた。

このような中でフローリアが力を入れていることは，3つある。1つ目は鮮度である。商品投入時期を年6回から8回に増やし，1回当たりの調達量を少なくすることにした。こうすることで，来店の度に新たな発見を与えられるようになる。それだけでなく，在庫リスクも少なくなり，定価販売比率も高まる。

2つ目は，キャッスルとは違う付加価値である。はっきりとわかる見た目での付加価値ではなく，流行を取り入れつつも派手過ぎないおしゃれと，仕事に集中できる着心地の良さである。消費者の選択肢を増やすために低価格帯の商品も揃えるものの，基本的には付加価値商品を重視する。

そして最後は，トータルコーディネート提案である。これはキャッスルに比べて弱かったところである。様々なアイテムをトータルで提案し，買い上げ点数を増やすことを考えている。

[図表 C-5] フローリアの調達状況

	重衣料	トップス	ボトムス
商品ライン	スーツ，ジャケットなど	ニット，カットソー，シャツ，ブラウスなど	パンツ，スカートなど
推定構成比	4割	3割	3割
売上伸張	横ばい	横ばい	横ばい
位置づけ	主力商品	補完商品	補完商品
自社製作比率	高い	中程度	高い
支払い余力	価格よりも価値を重視し，価値相当の対価を支払う	価格重視商品と価値重視商品に分類し，後者であれば，価値相当の価格を支払う	価格重視商品と価値重視商品に分類し，後者であれば，価値相当の価格を支払う
主な競合と納入シェア	矢作 60% 脇定 20% ミキ商事 10% モリモト 10%	矢作 30% ミキ商事 30% 脇定 20% モリモト 20%	ミキ商事 60% 矢作 20% 脇定 10% モリモト 10%

[図表 C-6]　競合分析

		矢作	ミキ商事	脇定	モリモト
業態		生地商社	総合商社の繊維事業子会社	生地商社	生地商社
生地業界での地位		1位	—	4位	5位
対象顧客層		全方位	全方位	アパレルメーカー，専門店	アパレルメーカー，量販店
フローリアとの関係性		全幅の信頼を得た共存共栄の関係	総合商社に対する期待が急速に向上	ビジネスライクの取引	ビジネスライクの取引
納入シェア*1		4割	3割	2割	1割
差別化要素	顧客便益	・安心感	・情報提供 ・利便性	・付加価値	・利便性 ・コストパフォーマンス
	商品・サービスの特徴	・品質を含めた総合力 ・商品ラインの広さ ・安定供給	・トレンド情報の提供 ・商品ラインの広さ ・価格競争力	・商品アイテムの深さ ・付加価値 ・小ロット逐次納入	・商品ラインの広さ ・大ロット納入 ・返品対応の柔軟性
業務活動や組織能力	強み	・生地商社業界1位という実績 ・業務品質の高さ ・編み製品と織り製品の両方の工場ネットワーク*2	・グローバルレベルの情報・調達ネットワーク ・多様な販路を持つことによるバイイングパワー	・織り製品に強い国内工場とのネットワーク*2 ・生地商社には珍しいデザイン専門部門の存在 ・特例領域での専門性	・編み製品に強い海外工場とのネットワーク*2 ・業務の標準化，マニュアル化 ・経費率の低さ
	弱み	・コスト対応力 ・付加価値提案力	・納品の柔軟性 ・不良品への対応	・トップ同士の関係性 ・大量生産力	・付加価値提案力 ・納品の柔軟性

*1　納入シェアの分母は，フローリアの製品調達（OEM/ODM調達）の金額。自社製造分は分母に含まない。
*2　生地の種類は"織り"と"編み"があり（55ページ注釈12参照），それぞれ製品加工工場に必要な能力が異なる。カットソーは，編み物をカット（cut）して縫った（sew）ものであり，織物をカットして縫ったシャツやパンツ，ジャケットとは加工技術が異なる。

解説

ケースの目的
ケーススタディ(2)は，差別化戦略を策定する手順とツール，およびその勘所を理解することが目的です。第3章で説明した価値曲線分析を使い，ターゲット顧客のニーズ，自社の強み，競合企業の弱みから，差別化要素を考えるケースを作成しました。

ケースの解説
▶事前分析

価値曲線分析の前に，整理しておくべきものが2つあります。1つが顧客の戦略であり，もう1つがシェアを奪う相手の弱点です。

顧客の戦略分析
この事業コンセプトは，特定企業向けのビジネスだというところに大きな特徴があります。その場合は顧客の戦略分析が必要です。顧客が目指す勝ちパターンに合致する価値を提案すれば，受け入れられる確率が高まるからです。

フローリアの戦略を整理すると，図表C-7のように表せます。OLのビジネスシーンをターゲットに，キャッスルと異なる観点で差別化することを目指しています。具体的には，鮮度と着心地の良さ，そしてトータルコーディネートです。また，厳しい品質基準を設けるとともに，年8回という短サイクルでの新商品投入を試みています。こうした戦略に貢献できる価値を，武田商会は考えなければなりません。

シェアを奪う相手の弱点分析
武田商会が参入するためには，既存取引先4社のいずれかを引き下ろさなければなりません。

図表C-6から読み解けば，その相手が矢作とミキ商事ではないことはすぐにわかります。フローリアは，この2社で商品ラインナップのベー

[図表 C-7] フローリアの戦略分析

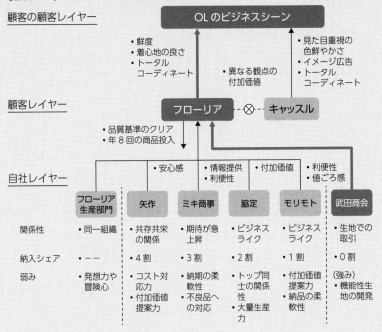

スづくりをしようとしています。武田商会が目指すポジションとは明らかに違います。この2社のいずれかの代わりに武田商会との取引を始めることは考えられません。

残りの2社は，いずれも独自性で訴求しています。そのうち，脇定とは競合しません。脇定が織り製品に強いのに対して，武田商会は編み製品（カットソー）に強く，フローリアが脇定と武田商会を入れ替えることも考えにくいでしょう。

そうなると，同じ編み製品に強いモリモトに狙いを定め，同社に取って代わるための差別化要素を考えることになります。そのためには，モリモトの弱点分析が欠かせません。図表C-6によれば，付加価値提案力と納品の柔軟性に弱みがあります。また，業務の標準化やマニュアル化という強み，そして大ロット納入という特徴も攻撃できるでしょう。

▶価値曲線分析

　こうした分析結果を踏まえ，あるべき価値曲線を考えた結果が図表C-8です。競合4社のうち，モリモトの曲線のみを使って検討します。

　素材での魅力を訴求するための「素材や加工方法の提案」，「商品アイテムの深さ」，「品質（付加価値）の高さ」，そして短サイクルでの商品投入に寄与できる「小ロットでの逐次納入」を強化すべきでしょう。

　また，「物語の提案」を追加しています。アパレル小売も消費者への提案で苦慮しています。特に素材での訴求はなかなかしにくいものがあります。そこで，原料へのこだわりや産地での加工方法などの情報を提供してあげれば，アパレル小売も消費者に提案しやすくなるからです。もちろん，これは1つの案にすぎません。

[図表C-8] あるべき価値曲線

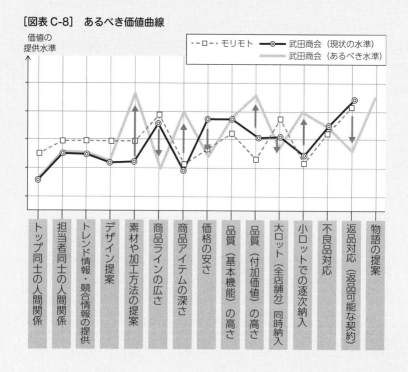

競争・協調戦略

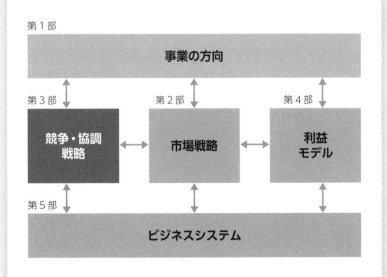

第5章
競争戦略の策定

前章までで説明した差別化戦略とは違う方法で，利益を上げることもできます。周囲の企業から利益を奪うという競争戦略です。企業では，こうしたしたたかさも必要です。本章では，競争戦略の策定方法を説明するとともに、いくつかの具体策を紹介します。

Quiz

● Quiz5.1　ソニーの液晶テレビ事業

　ブラウン管方式のテレビで成功を収めたソニーは，それが災いしたこともあって液晶テレビへの事業転換が遅れてしまいました。そのため主要部品である液晶パネルをシャープなどからの供給に頼っていました。一方のシャープは自社でも液晶テレビを生産していたので，当然のことながら自社向けを優先します。そのためソニーの液晶テレビ事業は，機動的な新商品投入ができずに苦慮していました。このような状況を打破するために，ソニーは何をしたでしょうか。

● Quiz5.2　インテル対IBM

　1980年代初めに，インテルは8088という新型CPUを開発しました。IBMはそのCPUを自社のパソコンに採用しようとしたのですが，主要部品をインテル1社に頼ることを不安に感じました。安定調達を担保するために，IBMはどうしたでしょうか。

● Quiz5.3　フェイスブック対グーグル

　モバイル向けのナビゲーションアプリを開発したウェイズ（Waze）というイスラエルのベンチャー企業があります。そのアプリは，2013年時点で世界193カ国の5,000万人以上に使用されていました。これに目をつけたのがフェイスブックです。地図情報サービスを強化すべく，同社と買収交渉を進めました。このような動きに敏感に反応したのがグーグルです。グーグルマップの競合になり得るこの動きに対して，グーグルはどうしたでしょうか。

> 本文を読む前に，以下の Quiz を考えてください。

● Quiz5.4　OPEC

　2014年11月のことです。OPEC は石油の減産見送りを決定しました。数年間にわたり1バレル=100ドルを越えていた原油価格が，供給過剰によって70ドル程度まで下落している中での決定でした。減産すれば原油価格の上昇が期待できるにもかかわらず，なぜ減産しなかったのでしょうか。

● Quiz5.5　クアルコム

　スマートフォン向けの CPU を設計するクアルコムという半導体メーカーがあります。この企業は，格安スマートフォンを製造する技術力や設計リソースが十分でない端末メーカーに対して，QRD（Qualcomm Reference Design）という仕組みを提供しています。これにはクアルコムの CPU を使ったスマートフォンの電気設計や機構設計，推奨部品リスト，ソフトウェア群などスマートフォンの開発に必要な一式が含まれており，限られた設備と時間で安価なスマートフォンを作ることができるようになります。この仕組みを無償で提供することで，クアルコムにはどんなメリットがあるのでしょうか。

● Quiz5.6　NTT ドコモ，au，ソフトバンク

　NTT ドコモ，au，ソフトバンクは，スマートフォンや携帯電話契約を他社に乗り換えられることを防ぐために，様々な策を講じています。どのようなことをしているでしょうか。

あなたは学生だとします。次の期末試験で、クラスで1番の成績を収めるためには何をすればよいでしょうか。あなたが普通の人であれば、「一所懸命に勉強する」と答えるでしょう。もし、ひねくれていたならば、こう答えるかもしれません。「他の人の勉強を邪魔する。」

戦略にもこれに似た2種類があります（図表5-1）。1つは、第3章で説明した差別化戦略です。利益とは売価とコストの差ですが、ターゲット顧客が求める価値を徹底的に追求することで高く買ってもらい、ターゲット顧客が不要だと思うものを思い切って省くことでコストを削減し、その差の利益を増やそうという戦略です。

利益を増やすための別の方法もあります。買い手が買わざるを得ない状況をつくりだして売価を吊り上げ、供給業者が売らざるを得ない状況をつくりだして買い叩くというものです。これが競争戦略です。

なお、"競争戦略"という言葉は、"事業戦略"とほぼ同義に使われることが多いでしょう。ただしここで狭義に捉えて、競合企業に対する対抗策という意味で使っています。そして本章では、その対抗策の検討方法とパターンを説明します。

[図表5-1] 差別化戦略と競争戦略

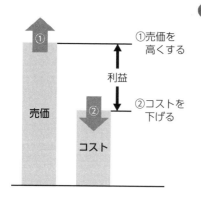

1 競争戦略とは

　ここ数年間は小売業の再編が進み，百貨店やスーパーの合併も見られます。このような合併によって損をするのは，どんな企業でしょうか。まずは納入業者です。合併した小売業者のバイイング・パワーが増して，納入価格を低く抑えられてしまうでしょう。

　それだけではありません。我々消費者も損をします。あなたの街にスーパーが2軒あったとします。あなたは少しでも安く買うために2軒を買い回るでしょう。スーパー側も自分の店で買ってもらうために，他方のスーパーよりも価格を抑えようとします。しかし合併して1軒になってしまったら，あなたはそこから買わざるを得ません。スーパー側は価格を引き上げることもできるのです。

　利益は，産業バリューチェーンの中の様々な企業に少しずつ落ちています。例えば自動車業界であれば，部品製造，自動車製造，自動車販売，販売金融，自動車保険，中古車販売，修理サービスなどがあります。もし，あなたが自動車メーカーであれば，一般的に収益性が高いとされる販売金融を担う会社に働きかけて，その会社に落ちている利益をなんとしてでも自社に誘導する策を取るべきです。

　このように競争戦略では，周りはすべて敵だとみなし，利益を奪い取る方法を考えます。その相手が，たとえ顧客だとしてもです。

2 競争戦略の検討フレーム

　このような策を考えるためのフレームが，**図表5-2**です。これは2度目の登場です。1度目は第2章の3C分析の説明で出てきました（コラ

[図表 5-2] 5つの競争要因

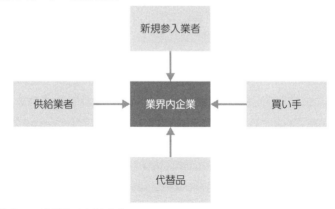

出所:Porter(1980)をもとに作成。

ム2-1「業界の収益性を決める5つの力」)。見た目は同じですが,使い方は異なります。3C分析の段階では,競争環境を与件として扱っていました。つまり,その時点の環境条件を前提として,各事業案が良いのか悪いのかを判断していました。

しかし,ここでは違います。競争環境を自ら動かせるものとして扱います。業界内の競争が激しいのであれば,合併して数を減らせばよいのです(程度が過ぎると独禁法に抵触してしまいますが)。販売金融の収益性が高ければ,それを内部化してしまえばよいのです[1]。

3 競争・協調戦略の検討方法

本章では競争戦略を,次章では協調戦略を説明します。ここでは,両方を統合した競争・協調戦略の検討方法を説明します。

競争・協調戦略は,以下の3段階で検討します。

＜競争・協調戦略の検討手順＞
ステップ１：業界の俯瞰図を作成する
ステップ２：競争・協調戦略のアイデアを洗い出す
ステップ３：優先順位の高いものを選択する

● **業界俯瞰図の作成**

競争・協調戦略の検討は，自社を取り巻く企業や業界の俯瞰図を描くことから始まります。図表5-3の中心に自社を位置づけ，左側に川上業界を，右側に川下業界を書きます。そして，その上には補完的生産者（第6章参照）やインフラ提供企業を位置づけ，下には各段階での競合企業や代替品業界を位置付けます。

図表5-3には大まかなカテゴリー名しか書かれていませんが，実際はその枠内に具体的な複数の企業名もしくは業界名が入ります。数人で検

[図表5-3] 競争・協調戦略の検討フレーム

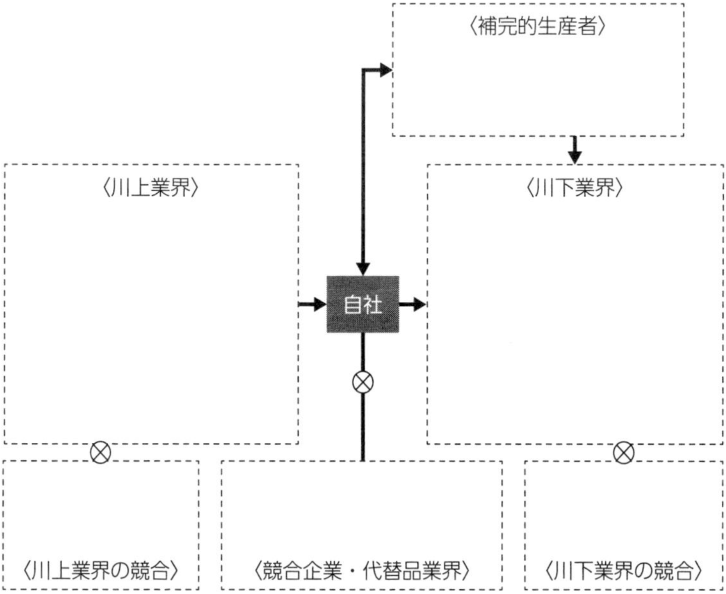

〈補完的生産者〉

〈川上業界〉　　〈川下業界〉

自社

〈川上業界の競合〉　〈競合企業・代替品業界〉　〈川下業界の競合〉

競争戦略の策定　第5章　127

討する場合にはホワイトボードや模造紙を使い，企業名や業界名の書かれた付箋紙を貼っていくとよいでしょう。

● **競争・協調戦略のアイデア検討**

　俯瞰図を見ながら，どの企業からどう利益を奪うか，あるいはどの企業とどう協調すべきかを検討します。次節以降で説明する主要パターンを参考にしてください。まずは実現可能性を無視して，案を出します。ホワイトボードや模造紙に，その案を書き込んでいってください。

　その際には，あなたは木こりではなくボクサーだと思ってください。木こりが木を切っても木は反撃しませんが，ボクシングの場合はこちら側のちょっとした行動にも相手は反応します。つまり，競争あるいは協調のための一手を講じたら，相手はそれに反応するのです。相手の反応を先回りして予測し，その上を行く一手を考えなければなりません[2]。

● **競争・協調戦略の選択**

　差別化要素の検討がそうであったように，ここでも最小の労力で最大の効果が得られるような押しボタンを探します。

　最も一般的な方法は，ペイオフマトリクス[3]を使うことです（図表5-4）。横軸にその戦略の実行可能性を，縦軸に効果を用いることから，コントロール・インパクトマトリクスとも呼ばれます。たとえ効果が大きいとしても，多大な投資と労力がかかるようでは，優先順位を下げざるを得ません。競争・協調戦略の各案をこのマトリクス上に配置することで，優先順位を考えます。もちろん，右上に位置づけられたものが，優先順位が高いものです。

　実行可能性以外に考慮すべきことがあります。負の側面です。すべての戦略には，光と影があります。つまり，その戦略を講じることによる負のインパクトもあるのです。そしてそれは，競争戦略の場合に特に顕著に現れます。例えば，供給業者に対する交渉力を高めるために，それまでの1社購買を見直し，複数社から見積もりを取るようにしたとしま

[図表5-4] ペイオフマトリクス

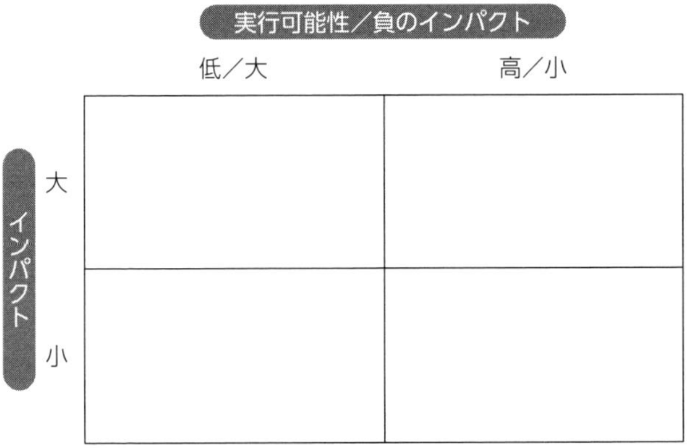

	実行可能性／負のインパクト	
	低／大	高／小
インパクト 大		
インパクト 小		

す。確かに調達価格が下がるかもしれませんが、一方で事務コストが増えたり、またもともとの取引企業から困ったときの協力を得られなくなってしまうかもしれません。こうした負の側面は、横軸に反映させるとよいでしょう。

4 競争戦略の主要パターン

　周辺企業への交渉力を高める最も効果的な方法は、競合企業にはない極めて差別化された商品・サービスを開発し、かつ高い市場シェアを維持することです。ということを述べても、何の役にも立ちません。それは戦略というよりも、単なる理想です。

　競争戦略の検討では、**図表2-3**「5つの競争要因」（49ページ）に記載されている競争環境を規定する要因の中から、動かすことができるものを探すことになります。とはいうものの、動かせるものは限られており、自ずと打ち手も限定されます。その主要パターンを説明します。

　あなたが担当する事業を**図表5-3**の中心に据えて、あなたにとっての

策を考えながらお読みください。

4-1　相手の交渉力を弱める

●相手業界の競争状況を激化させる

　第2章でも説明した通り，自社の商品・サービスにとって欠かせない部材等を特定企業1社だけに頼っている場合には，交渉力が非常に弱くなります。その場合には，相手業界のシェアを拮抗させたり企業数を増やしたりして，競争を激化させることが有効です。

　例えばQuiz5.1のソニーの液晶テレビ事業です。液晶パネルを思うように調達できないがために液晶テレビ事業が低迷していたソニーは，2004年にサムスンを担ぎ出して液晶パネルの合弁企業を設立しました。技術流出を懸念した経済産業省や国内電機メーカーから激しい反発があったものの，液晶パネルを安定調達するために踏み切ったのです。

　Quiz5.2では，IBMはインテルに対して，アドバンスト・マイクロ・デバイス（AMD）とセカンドソース・ライセンス契約を結ぶことを，CPU調達の条件にしました[4]。つまり，インテルと全く同じCPUを供給できる企業を作り上げることで，安定調達を担保しようとしたのです。

　川上・川下業界相手ではありませんが，関連業界の競争を激化させることで有利にビジネスを展開した事例もあります。上記の例ではしてやられたインテルですが，今度は仕掛ける立場に回りました。パソコンのCPUをほぼ独占していたインテルは，パソコン市場の拡大とともに業績を伸ばしてきました。しかし2000年代初めになって，雲行きが怪しくなりました。同じくパソコン部品であるDRAMの業界で，寡占化が進んだからです[5]。サムスンのシェアが3割を超えたことでサムスンの価格支配力が増し，また安泰となったサムスンはDRAMの開発投資を緩め始めました。この状況が続けばパソコンの性能向上の減速と価格上昇を招き，パソコンの販売不振につながります。パソコンの販売不振がインテルの業績悪化に直結することは，言うまでもありません。そこでイン

[図表5-5] インテルの競争戦略

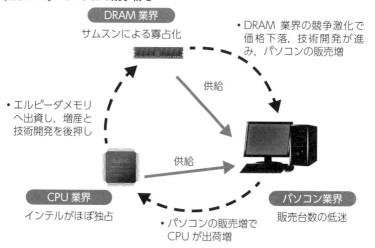

テルが打った手は，サムスンの競合企業に当たるエルピーダメモリへの出資と技術供与です[6]（図表5-5）。DRAM業界の競争を激化させ，DRAM価格の下落を通じてパソコン価格を低下させるとともに，パソコン性能を向上させようとしたと見られています[7]。結果としてサムスンの独壇場が崩れ，インテルが思い描いたようになりました。

● 垂直統合する

垂直統合とは，川上もしくは川下に進出することです。いざとなったら自社で担うことができるため，川上業界企業や川下業界企業に対して強気の交渉ができます。

例えばアップルストアです[8]。家電量販店はアップルの商品（パソコンのiMacや音楽プレイヤーのiPodなど）を扱っていますが，利幅は他メーカーを扱うよりもかなり少ないと言われています。その上，様々な制約も課せられています。それだけ強く要求できるのは，もちろんアップルの商品力が大きな要因だということは間違いありませんが，アップルストアの存在もあります。そこで販売するオプションを持っているた

めに，強気の交渉ができるのです。

ただし，これは非常に危険な賭けでもあります。それまでの取引先と競争関係になることから，取引先を失いかねないからです。強い覚悟がない限りは勧められません。

4-2　相手の動きを封じ込める

●事業に不可欠な資源を押さえる

強力なライバルになると思われる企業が参入を目論んでいる場合は，何としてでも阻止しなければなりません。その方法の1つが，Quiz5.3から読み取れます。

フェイスブックによる地図情報サービスへの本格参入は，グーグルマップを提供しているグーグルにとっては脅威です。そこでグーグルはどうしたかというと，フェイスブックが狙っていたイスラエルのベンチャー企業を買収したのです（図表5-6）。もちろん，純粋にその企業の技術や顧客数に魅力を感じたということもあるでしょうが，フェイス

[図表5-6]　グーグルの競争戦略

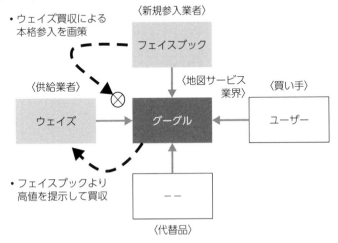

ブックへの対抗策でもあることは、間違いないでしょう。

参入に欠かせない重要な資源がある場合は、それを押さえてしまえば、強力な参入阻止策になります。小売業であれば、数少ない一等地を先に押さえてしまうことが常套手段です。

●価格を下げる

新規参入を阻止したり、競合他社や代替品業者を撤退させたりする際に用いられる方法の1つが、値下げです。値下げによって一時的には利益が圧迫されますが、長期的には競合企業数が少なくなってプラスに転じます。この方法は、第3章で差別化戦略を選択した事業には不向きです。一方、コスト・リーダーシップ戦略を選択した事業では、検討に値します。ただし、体力がある企業でしかできません。

ちょうど著者がMBAで競争協調戦略の授業を受けていた頃に、ある新聞記事が目に入りました。当時パソコン最大手のデルが22%もの大幅値下げを決定したのです[9]。その背景には、トップ争いをしているヒューレット・パッカードが収益悪化により対抗値下げができないという判断がありました[10]。相手の財務状況の悪化に乗じてシェアを一気に奪おうとした決断に、米国企業のしたたかさを感じたことを覚えています。

さて、Quiz5.4でOPECが石油減産を見送ったのも、意図的な価格戦略です。原油価格を下落させて、代替品のシェールガス企業を離脱させる意図があったと考えられています。シェールガス事業は1バレル当たり50～60ドルが損益分岐点だと推定されており、市場価格がこれを下回れば事業の継続が難しくなります。実際、その後の原油価格は50ドルを下回り、廃業に追い込まれるシェールガス企業も出てきました。ちなみに、減産を見送るかどうかはOPEC加盟国の中でも意見が分かれ、サウジアラビアなどの財務的に余裕がある国が押し切ったということも付け加えておきます。

なお、実際に価格を下げなくても、参入を阻止する方法があります。

競争戦略の策定 **第5章** 133

「参入したら，価格を下げるぞ」と公言するのです。この交渉術は，コミットメントと呼ばれます[11]。

●スイッチングコストを形成する

スイッチングコストとは，取引先を変更するに当たって生じるコストや手間暇などのことです。買い手のスイッチングコストを高めることができれば，取引を継続せざるを得ない状況をつくりだすことができます（コラム 5-1「スイッチングコスト」参照）。

ソフトウェアのアカデミック・ディスカウントがそうでしょう。例えばマイクロソフトは，オフィス（Office）などのソフトウェアを学生向けに安く提供しています。学生支援という意味もあるでしょうが，これによってスイッチングコストが形成されることになります。ワード（Word）から一太郎に乗り換えようとしたら，改めて訓練しなければならないからです。

最近では，クアルコムが非常に賢い戦略を講じています。同社が次に狙っている市場は，インドやアフリカなどです。先進国の需要が一巡した今，これから拡大するのは新興国市場だからです。しかし，所得水準が高くない市場では，アップルやサムスンなどの高級スマートフォンは売れません。中国などの地場メーカーがつくる格安のスマートフォンが急速に売上を伸ばしています。Quiz5.5 で説明したように，クアルコムはそうした地場メーカーに対して QRD という仕組みを提供することで，設計支援をしています。技術力や設計リソースの乏しい格安スマートフォンメーカーはさぞ喜ぶことでしょう。ところが QRD という仕組みが設計プロセスの中心に据えられるようになると，クアルコム以外の CPU に切り替えにくくなってしまいます。クアルコムにとっては，長期的に発注してくれる顧客を獲得したことになります。このように，多少のコストをかけてでも相手の業務にインストール（組み込む）できれば，強力なスイッチングコストを生み出します。

第5章 まとめ

- [ ] 利益を増やす方法は，2通りある。差別化戦略では，ターゲット顧客が求める価値を追及することで高く買ってもらい，不要な価値の提供を控えることでコストを下げる。もう1つの方法は，買い手が購入せざるを得ない状況をつくり出すことで価格を吊り上げ，供給業者が安くても供給せざるを得ない状況をつくりだすことで買い叩くというものである。これが競争戦略である。

- [ ] 競争戦略という言葉は，事業戦略と同義で使われることが多い。本書では狭義に捉え，競合企業に対する対抗策という意味で使う。つまり，周りはすべて敵だと考え，それら企業が得ている利益をいかに奪い取るかを考えるのが，競争戦略である。

- [ ] 競争戦略を検討するフレームは，第2章でも登場したポーターの5つの競争要因である。ただし，本章での使い方は異なる。競争環境を与件とするのではなく，自ら動かせるものとして扱う。つまり，競争環境に能動的に働きかけ，自社に有利な状況をつくり上げるのである。

- [ ] そのためのパターンはいくつかある。相手業界の競争を激化させたり垂直統合することで相手の交渉力を弱めることや，事業に不可欠な資源を押さえたり価格を下げること，あるいはスイッチングコストを形成するなどで相手の動きを封じ込めることが常套手段である。

- [ ] 競争戦略，および次章の協調戦略の検討は，業界の俯瞰図を描くことから始める。その上で，周囲の企業から利益を奪う策を洗い出し，最終的に難易度や負のインパクトも考慮して，優先順位付けをする。

コラム 5-1　スイッチングコスト

　取引先を切り替えるための費用や手間暇を，スイッチングコストといいます。このスイッチングコストが高ければ取引の継続性が高まるため，企業は様々な方法でこのコストを高めようとしています。

● **通信キャリア業界におけるスイッチングコスト**
　Quiz5.6 で取り上げた通信キャリア業界では，NTT ドコモ，au，ソフトバンクそれぞれが，相手に乗り換えられないように，さまざま工夫をこらしています。
　例えば，2 年目の 1 カ月間以外の解約に違約金が発生するという，いわゆる"2 年縛り"はわかりやすい例でしょう。家族間の無料通話もそうです。家族のうち 1 人だけキャリアを乗り換えれば，無料の恩恵に預かれなくなってしまうからです。光回線や電気料金とのセット割引もスイッチングコストを高めます。キャリアを乗り換えれば割引がなくなってしまい，また一度に複数の契約を解約することの手間の大きさも解約に歯止めをかけます。Wi-Fi ルーターを無料で配布するキャリアもありますが，そのルーターを使い続けたければ，他のキャリアに乗り換えることはできません。
　数年前まではキャリア間で電話番号を引き継ぐことはできず，これが大きなスイッチングコストになっていました。しかし，現在ではナンバーポータビリティー制度が導入され，ブランドスイッチのコストは著しく低下しました。さらには，2 年縛りも緩められる方向にあり，乗り換えやすい環境が一層整いつつあります。

● **スイッチングコストの形成パターン**
　こうしたスイッチングコストは，いくつかのパターンに分類できます（図表 5-7）。

[図表 5-7] スイッチングコストの形成パターン

形成方法	コスト	事例
顧客の学習	・ブランドスイッチした場合は、再び操作方法を学ばなければならず、それは負担になる。	・ソフトウェアのアカデミックディスカウント
入会金・違約金・ポイント制度	・解約した場合は、それまでの積み立てが無駄になったり、失うものが発生する。	・フィットネスクラブの入会金 ・マイレージサービス
自動更新	・自らが複雑なアクションを起こさなければならないなど、解約行為の手間暇が大きい。	・通信キャリアの解約制度
インストールベース	・本体装置や仕組みを顧客側に組み込むことで、逃れにくくする。	・複写機業界 ・クアルコムの QRD
コミュニティ	・コミュニティから脱退したくないという感情が、ブランドスイッチのコストになる。	・ハーレーオーナーズグループ ・ソーシャルネットワーキングサービス

　1つ目のパターンは、顧客の学習です。既に紹介したマイクロソフト・オフィスの事例は、まさにこのパターンです。

　2つ目のパターンは、入会金や違約金、ポイント制度といった類のものです。言い換えれば、失うものの大きさです。支払い済みの入会金が無駄になってしまうので、フィットネスクラブを退会あるいは変更しかねている人もいることでしょう。

　3つ目のパターンは、自動更新です。更新時期を常に意識し、そして自分からアクションを起こさなければ解約できないのです。

　4つ目のパターンは、インストールベースです。本体装置や仕組みを顧客に組み込んでしまうことで、継続取引を促すことです。クアルコムの事例で説明した通りです。

　そして最後は、コミュニティです。ハーレーオーナーズグループで仲間とのツーリングを楽しんでいる人は、もしBMWに乗り換えたら仲間とのツーリングができなくなってしまいます。こうした顧客間のコミュニティを形成することも、スイッチングコストを高めます。

【注】

1 伊藤邦雄によれば，1990年代には販売金融も手掛けていたフォードやGMが20％程度もの営業利益率を実現していたのに対し，国内の自動車メーカーはそれよりはるかに低い収益性に甘んじていた。そこでトヨタは，販売金融を強化するために，トヨタファイナンシャルサービスという統括会社を2000年に設立した。
伊藤邦雄（2000）『コーポレートブランド経営：個性が生み出す競争優位』日本経済新聞社。

2 Avinash K, Dixit and Barry J. Nalebuff（1991）*Thinking Strategically: The Competitive Edge in Business, Politics and Everyday Life*, W. W. Norton & Company.［菅野隆・島津祐一訳（1991）『戦略思考とは何か：エール大学式「ゲーム理論」の発想法』TBSブリタニカ。］

3 "ペイオフ"とはゲーム理論の用語で，プレイヤーが得られる利得のことである。

4 Michael S. Malone（2014）*The Intel Trinity: How Robert Noyce, Gordon Moore, and Andy Grove Built the World's Most Important Company*, Harper Business.［土方奈美訳（2015）『インテル：世界で最も重要な会社の産業史』文藝春秋。］

5 米国ICインサイツの調べによれば，2002年のDRAM世界シェアはサムスンが32％，以下，マイクロン（米）の17％，インフィニオン（独）の13％が続いていた。日本のエルピーダメモリは4％で7位だったが，2004年までにシェア15％まで引き上げるべく，設備投資資金の調達に奔走していた。

6 『日本経済新聞』2003年6月4日朝刊, p.3。

7 坂本幸雄（2013）『不本意な敗戦 エルピーダの戦い』日本経済新聞出版社。

8 アップルの販売チャネルの改革は，商品開発と並ぶスティーブ・ジョブズの功績だと評されている。商品開発に先立ってジョブズが実施したのが，リストラクチャリングである。1988年のiMac発売時には，ベストバイなどの販売チャネルとの取引を停止してコンプUSAの1社に絞り込んだ。その一方で，直販チャネルのアップルストアを設立した。流通をコントロール下に置くための改革である。

9 『日本経済新聞』2003年8月21日夕刊, p.3。

10 ガートナー社の調べでは，2001年の世界シェアは1位のデルが18.4％と，2位のヒューレット・パッカードの13.2％を大きく引き離していた。しかしヒューレット・パッカードがコンパックと合併したことで2002年には16.2％となり，デルの15.2％を上回ってトップになった。デルの値下げはこうした中での決定であり，2003年のデルのシェアは15.0％と，ヒューレット・パッカードの14.3％を上回ることに成功した。

11 家電量販店の宣伝文句「他店よりも1円でも安い場合は値下げします」も，コミットメントの一種である。一見，顧客志向に見えるがそうではない。顧客からの申し出があった場合にのみ競合店の価格に合わせればよく，先行して競合店を下回る価格設定をせずに済むからである。

第 6 章

協調戦略の策定

前章で説明した競争戦略は，一時的な利益で終わってしまうことが多々あります。長期的に利益を得るためには，周囲の企業との協調が大切です。本章では協調戦略のいくつかの具体策を紹介するとともに，その戦略を成功させるためのポイントを説明します。

Quiz

● Quiz6.1　西武百貨店と東武百貨店

　山手線の主要駅である池袋駅では，西武百貨店と東武百貨店が熾烈な競争を繰り広げています。ところが2008年に，"LOVE IKEBUKURO"という共同キャンペーンを開催しました。駅のコンコースに両百貨店の総合案内所を設置するほか，周辺の観光マップも配布しました。なぜ，突然に手を結んだのでしょうか。

● Quiz6.2　トヨタの燃料電池車

　究極のエコカーといわれる燃料電池自動車で主導権を取りたかったトヨタは，20年以上の開発を経て，2014年についに燃料電池自動車「ミライ」の発売にこぎ着けました。しかし燃料電池自動車は盛り上がりに欠けており，一足早く商品化された日産，三菱の電気自動車との差が益々開く懸念がありました。電気自動車がスタンダードになってしまっては，それまでの開発投資が無駄になってしまいます。トヨタはどうしたでしょうか。

● Quiz6.3　コンビニエンスストア業界

　仮に，コンビニエンスストア業界で互いにPOSデータを出し合って，集中的に分析しようという動きが出たとします。データは多い方がよく，1社当たりの分析コストも削減できます。さて，そのような協業提案に，セブンイレブンは乗るでしょうか。

本文を読む前に，以下の Quiz を考えてください。

● Quiz6.4　TOTO のウォシュレット

今では当たり前のように備え付けられている温水洗浄便座ですが，1980 年に TOTO がウォシュレットを発売した当初は，なかなか普及しませんでした。お尻を洗う習慣がなかったことや，製品の機能上の問題もありますが，それ以外の要因もありました。何がウォシュレットの普及を妨げていたのでしょうか。

● Quiz6.5　ヤマハの音源チップ事業

楽器メーカーのヤマハは，半導体メーカーでもあります。1980 年代には音源チップという音色を発生させる半導体を開発し，パソコンやゲーム機に供給してきました。そして 1990 年代後半になって目を付けたのが携帯電話市場です。無味乾燥なブザーでの着信音をメロディーに変えるために，パナソニックや NEC などの携帯電話端末メーカーに採用を働きかけました。結果的に採用されましたが，それには端末メーカー以外への働きかけが鍵となりました。どの業界に，どのように働きかけたのでしょうか。

● Quiz6.6　アーム

アーム（ARM）という半導体設計メーカーがあります。イギリスに本社を置くこの会社は，スマートフォン向け CPU の中でも，CPU コアという限られた部分の設計に特化しています。そしてその設計を，クアルコムを始め，多くの CPU メーカーにライセンス供与しています。CPU メーカーが安心してアームと開発情報を共有できるようにするために，アームはある決めごとを公言しています。何を公言しているのでしょうか。

前章では競争戦略を説明しました。周りをすべて敵だと見なし，何とかして利益を奪い取ろうとするものです。しかし，そのような行動は，いずれ返礼を招くことになります。また，敵対的行動ばかりの企業に対して，周囲の企業は距離を置くようになるでしょう。そのため，たとえ一時的な成果は得られるとしても，その成功を持続させることは難しいといえます。

そこで別の戦略の登場です。競合企業をはじめ，周囲の企業と協調する方法です。本章では，その協調戦略のパターンを説明します。なお検討方法は，前章の「競争・協調戦略の検討方法」をご覧ください。

1 協調戦略とは

競合企業と協調することなどあるのだろうかと思われた方もいるかもしれません。実際，多くの場面で様々な協力がなされています。

Quiz6.1では，熾烈な競争を繰り広げていた西武百貨店と東武百貨店が，突然手を結んで共同キャンペーンを開催したことを紹介しました。その理由は，副都心線という地下鉄の開通にあります。それまでは池袋止まりの電車が多かった中で，副都心線は新宿，そして渋谷まで延びました。新宿には伊勢丹があり，渋谷には東急百貨店があります（**図表6-1**）。池袋という市場のパイが縮小してしまっては，たとえそのエリアでの競争に勝ったとしてもジリ貧になってしまいます。郊外から電車に乗ってくる人に，何としてでも池袋で降りてもらわなければならなかったため，池袋の魅力を伝える共同キャンペーンを実施したのです。

パイを奪い合う前に，パイを広げなければなりません。この，右手で握手をしながら左手で殴り合うような戦い方を，競争・協調戦略といいます。

[図表 6-1] 西武百貨店と東武百貨店の協調戦略

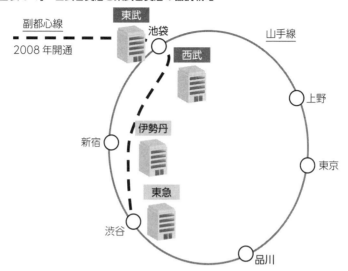

2 協調戦略の検討フレーム

　協調戦略には，バリー・J・ネイルバフとアダム・M・ブランデンバーガーという2人の経済学者が考案したバリューネット（価値相関図）というフレームが使われます（図表6-2）。ゲーム理論の知見をもとに考案されました[1]。

　競争戦略の分析フレーム（図表5-2）と見た目は似ていますが，考え方は似て非なるものです。ポーターのモデルは，利益を奪い合うというゼロサムゲームです。一方でこのモデルは，お互いの利益を増やすというプラスサムのゲームです。

[図表 6-2] バリューネット

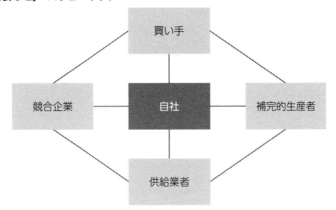

出所:Nalebuff and Brandenburger(1997)をもとに作成。

3 協調戦略の主要パターン

この協調戦略にもいくつかのパターンがあります。図表 5-3(127ページ)の中心にあなたの担当事業を据えて,策を考えながらお読みください。

3-1 競合企業と協調する

競合企業と協調する目的の1つは,先に紹介した西武百貨店と東武百貨店の共同キャンペーンのように,市場のパイを広げることです。それ以外にもいくつかの目的があります[2]。

<競合企業との協調目的>
- 市場のパイの拡大
- 陣営間競争での優位性確保

- 市場やチャネルの補完
- 商品や能力の補完
- コスト削減や効率化
- リスク分散

● 陣営間競争での優位性確保

　企業間の競争だけでなく，陣営間での競争もあります。銀座で 80 年以上も熾烈な競争を繰り広げていた三越と松屋が，2011 年に共同イベントを開催したのですが，これは銀座という市場の活性化が目的ではありません。ユニクロやザラなどが銀座に出店するようになり，それらファストファッション陣営に対抗するために，百貨店の魅力を訴えたのです。

　このような陣営間の競争は，規格争いで顕著です。例えば次世代 DVD の座を争っていた，HD-DVD 陣営とブルーレイ陣営との競争です。HD-DVD の中心となった東芝は NEC などを味方に巻き込んで，ブルーレイ陣営のソニーやパナソニックと争いました。東芝と NEC が争っていては，あるいはソニーとパナソニックが争っていては，デ・ファクトスタンダードを勝ち取ることができません。それぞれの陣営内企業が協調しながら，さらには材料メーカーやハリウッドも巻き込んで，陣営間競争が繰り広げられました。ちなみに，ブルーレイ陣営が勝利した後は，ソニーとパナソニックは手のひらを返したように競争しています。

　Quiz6.2 も同じです。燃料電池自動車を開発する企業は，トヨタにとっては競争相手です。しかし，お互いをつぶし合っている間に電気自動車が普及してしまっては，元も子もありません。そこでトヨタは大胆な手を打ちました。燃料電池の特許を無償公開したのです。自動車メーカーに対しては燃料電池自動車の開発を促し，また材料メーカーには燃料電池自動車向けの材料開発を促すことで，電気自動車陣営に対抗しようとしたのです。

　自社が開発した技術をスタンダードにしようとする場合は，ジレンマに直面します。技術を競合企業に公開しないことには市場が広がりませ

ん。だからといって技術を公開することは，競合企業の開発費を負担してあげるに等しいことです。自社の技術的優位性もなくなってしまいます。この判断については，コラム6-1「オープンかクローズドか」で説明します。

●市場やチャネルの補完

　各社にはそれぞれ得意領域と不得意領域があります。競合企業との連携を通じて，足りない領域を補完することができます。

　その1つが市場の補完です。1999年に日産とルノーが提携した目的には市場・チャネルの補完がありました。欧州市場に強いルノーの販売網を活用して日産車を浸透させ，アジアに強い日産の販売網を使ってルノー車を販売するというものです。

　この種の協調は競合の商品を招き入れることになるので，通常はなかなか成立しません。日産とルノーの場合でも，資本提携なしにはなされなかったでしょう。しかし，上手くいった例もあります。かつてクライスラーは，ジープ・チェロキーというSUV（スポーツ用多目的車）をホンダの販売網を使って販売しました。当時のホンダには同タイプの自動車がなかったため，競合にはなり得なかったからです。それどころか，ホンダのラインナップが増えるため，むしろ積極的に扱いました。そしてこの関係は，ホンダ初のSUV車CR-Vが発表される1997年まで続きました。

　このように市場やチャネルの補完を目的に協調しようとした場合は，競合しない商品・サービスに限ることがポイントです。

●商品や能力の補完

　ジープ・チェロキーの事例からも垣間見えたように，補完し合えるものは市場やチャネルだけではありません。商品や能力もあります。同じ業界の企業であっても，得意とする商品や技術領域が異なることは少なくありません。

同じく自動車業界の例でいえば、軽自動車です。トヨタや日産は軽自動車を開発していません。軽自動車に強いスズキとダイハツからOEM供給を受けて、自社ブランドで販売しています。

ライセンス供与もこの範疇です。特に技術革新の速いIT業界では、クロスライセンス（知的財産権の行使をお互いに許諾し合うこと）が不可欠になっています。

●コスト削減や効率化

競合企業で協調することで、業界全体が効率化されることもあります。例えばビール業界です。日本ではキリン、アサヒ、サッポロ、サントリーの大手4社が争っていますが、協調もしています。ビール瓶の共通化が一例です。ビール瓶は再利用がなされますが、複数の銘柄を扱っている飲食店では、ビール会社に瓶を戻すための仕分け作業は大変な労力になります。そこでキリンを除く3社ではビール瓶を共通化し、どのメーカーに戻されても再利用できる仕組みを整えています。それ以外にも、輸送用のパレットを共有化したり、一部のエリアですが共同配送も進めています。このように標準化や共通化を進めることで、それに参加した企業のすべてが効率化の恩恵に預かるようになります。

ただし、大きな注意点があります。競争優位の源泉になるようなものは、決して共通化してはいけません。Quiz6.3では、コンビニエンスストア業界でのPOSデータの共有化と集中分析という架空の協業ケースを取り上げました。この申し出に、セブンイレブンは乗らないでしょう。セブンイレブンの1店舗当たりの平均日販が他のチェーンを大幅に上回っている理由は、データ分析能力にあります[3]。データ分析を共通化してしまえば、競合企業の追い上げを招くことになってしまいます。自社の競争力にかかわる業務は、競合他社と共通化すべきではありません。

●リスク分散

自社だけでは負えない高いリスクの事業に乗り出すときには、同業他

社と協業することでリスクを分散させることができます。大規模な工事では，複数の建設業者がジョイントベンチャーを組織することが一般的です。信頼性が増して，規模の小さい建設業者が単独では受注できないような工事物件でも，受注できるようになるからです。

難易度の高い技術開発でも，同業他社との共同開発がなされることがよく見られます。成功するかわからない技術の開発に，1社だけで多額の投資をするわけにはいかないからです[4]。自動車業界でも，エコカーや自動運転の研究開発では合従連衡がなされています。

3-2　供給業者・買い手と協調する

供給業者や買い手との協調目的は，基本的には競合企業との協調目的と同じです。その中でも多く見られるものは，以下の3つでしょう。

<供給業者・買い手との協調目的>
- 価値創出
- コスト削減
- 効率化

●価値創出

価値創出を目的とした協調では，セブンイレブンのチームマーチャンダイジングが有名です。これは，セブンイレブンを中心として，各分野の専門企業とともに商品開発を進める手法です。最近でいえば，2011年に市場投入された100円コーヒーのセブンカフェです。コーヒーの風味や操作性にもこだわったコーヒーマシンを開発したのは富士電機であり，三井物産は100%アラビカ種のコーヒー豆の安定調達に取り組みました。それ以外にも，持ちやすく保温性の高い紙コップの開発や，雑味の少ない氷の開発でも，その分野に長けた企業が協力しました[5]。あれだけのヒット商品はこうした共同開発の賜物であり，セブンイレブン単

独では絶対に成し得なかったものです。

　ただし，ここまでであれば表面的な理解で終わってしまいます。重要なことは，セブンイレブンのチームマーチャンダイジング活動が長年にわたって続いていることです。これは，利益配分を含め，協力した企業がきちんとメリットを享受できるようになっていることを意味しています。胴元の企業が利益を独占してしまえば，協調関係は1回限りで解消されてしまいます。

　さて，価値創出を目的とした協調は，顧客となされることもしばしばあります。「情報の粘着性」という言葉があります。これは，その情報が生まれた場所から移転することが難しいことを意味し，ユーザー・イノベーションの研究で著名なエリック・フォン・ヒッペルが提唱しました[6]。顧客ニーズの中には，情報の粘着性が高いもの，つまりメーカー側がニーズを正しく把握することが難しいものがあります。そのような場合は，顧客との共同開発が効果的です。リードユーザーと呼ばれる感度の高い消費者や企業との共同開発は，今や一般的になっています[7]。またソフトウェア開発では，ベータ版と呼ばれる開発途中の製品を重要顧客に評価してもらうことも頻繁になされています。その際，たとえ顧客側に対価が支払われない場合でも，顧客には自分が求めるものが入手できるというメリットがあります。

● **コスト削減**

　コスト削減のための協調では，トヨタが有名でしょう。コスト削減のノウハウに長けたトヨタが部品供給業者を指導し，削減額の一定割合だけ納入価格を下げてもらうというものです。コスト削減分のすべてを納入価格に反映させれば，ウィン・ウィンにはなりません。成果を分かち合うところが，永続するポイントです。トヨタに限らず，系列化が進んだ日本の製造業では，こうした習慣があります。

● 効率化

　コスト削減に準じますが，業務の効率化を目的とした協調もあります。供給業者あるいは買い手との間には，様々なやり取りが生じます。それを効率化するというものです。

　最たるものがEDI（電子データ交換）の導入でしょう。1980年代に登場したこのシステムにより，調達や受発注管理が効率化されました。その先駆けは，米国の巨大小売りチェーンのウォルマートです。同社は，正確な小売情報をリアルタイムにパートナー企業と共有した初めての企業です。このシステムは，同社の成長の原動力になっただけではなく，パートナー企業にもメリットがありました。1987年にEDI接続したP&Gでは，生産計画の精度向上とそれに伴う在庫の圧縮が進みました。さらには返品やクレーム情報，値下げや店頭在庫水準，そして必要があればウォルマートの財務情報までも共有してもらえました。そうしたことにより，商談では隠し事をする必要もなくなり，建設的なやり取りがなされるようになったといいます[8]。

　ウォルマートの高い利益率は，供給業者を搾取しているからだという意見もあるかもしれませんが，必ずしもそうとはいえません。売上高に占める仕入れ価格の割合は，業界平均より高いのです。それでいてなぜ収益性が高いかというと，物流輸送費比率や棚卸減耗費比率が圧倒的に低く抑えられているからです[9]。協調のメリットが，経費削減につながっているのです。

3-3　補完的生産者と協調する

　協調戦略のフレームがポーターのモデルと大きく異なるところは，「代替品の脅威」の代わりに，「補完的生産者」が加わっているところです。ちなみに，代替関係とは一方の需要が増加すれば他方の需要が減少する関係であるのに対し，補完関係とは一方の需要が増加すれば他方の需要も増加する関係だと定義されます。例えば，ゲーム機メーカーとソフト

ウェアメーカー，あるいはビジネスホテルとコンビニエンスストアのように，お互いの存在が価値を高め合う関係が補完関係です。

この補完的生産者には，インフラを提供する企業がなる場合もあります。Quiz6.4で取り上げた，TOTOのウォシュレットがなかなか普及しなかった理由の1つがインフラの未整備でした。家庭用のトイレには，コンセントがなかったのです。そこでTOTOがハウスメーカーを回って，コンセントの設置を働きかけたのです[10]。

トヨタなどが開発する燃料電池自動車も，インフラとの協調が不可欠です。水素と酸素の化学反応による発電を利用する燃料電池自動車には，水素ステーションが必要です。そして燃料電池自動車の実用化が見込まれるようになると，これをビジネスチャンスと捉えてJXホールディングスや東京ガス，岩谷産業などが水素ステーション事業に力を入れ始めました。また，トヨタのホームページには開所予定の水素ステーションの一覧が掲載されています。燃料電池車と水素ステーションがお互いを上手く利用しながら事業を進めている様子がうかがえます。

4 協調戦略の成功要因

自社だけでは成し遂げることができないことを実現できる協調戦略ですが，良いことだけではありません。相手がいるがゆえに難しいところもあります。その協調相手は競合他社とも取引をできるため，協調相手に頼るほど，競争優位性を構築しづらくなってしまいます[11]。その中で競合他社より秀でるためには，協調プロジェクトのマネジメント方法がカギを握ります。そのいくつかのポイントを説明します。

4-1　相手を見つける

　相手あっての協調戦略です。まずは相手を見つけないことには話は始まりません。

　最も見つかりにくいのは，補完的生産者です。というのは，補完的生産者は同じ業界に存在するわけではないからです。

　上手く補完的生産者を見つけ出したのが，Quiz6.5 のヤマハの音源チップ事業の事例です。ヤマハが最初に働きかけたのは顧客の顧客，つまり通信キャリアでした。携帯電話端末の仕様はNTTドコモなどの通信キャリアが決めていたので，端末に搭載してもらうためには通信キャリアを説得しなければならなかったからです。それには音源チップの魅力を感じさせなければなりません。メロディーを奏でることができたとしても，肝心のメロディーが揃っていなければ意味がありません。そこで目を付けたのが，コンテンツプロバイダーです。セガや第一興商，ブラザーなどに，携帯電話向けに多様なメロディーを作ってもらったので

[図表6-3]　ヤマハの協調戦略

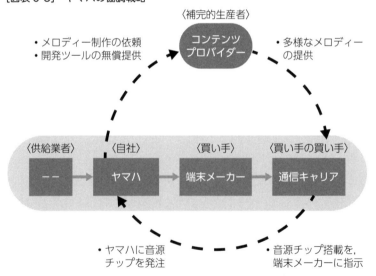

す。こうして，携帯電話への供給を成功させたのです[12]。着メロ（今となっては，もう死語ですが）は，実はヤマハが仕掛けたものだったのです。

4-2 相手の戦略を分析する

　その相手と組めるかどうかを判断するには，相手の戦略や利害を分析すべきです。相手は相手なりの方針があり，また様々な利害関係の中でビジネスをしています。それらと合致していれば上手く話がまとまるでしょう。しかし合致していなければ，いくらこちら側が熱望しても相手にしてもらえません。それはまだましな方です。途中で梯子を外されてしまうこともあります。そうなったら，それまでの努力が水の泡となってしまいます。

　例えば，アマゾンの決済サービス事業です。2014年にアマゾンは，小規模な小売店舗向けの決済サービス「アマゾン・レジスター」を開始しました。カード決済システムが導入されていない小規模な小売店舗はたくさんあります。そうした小売店向けに，モバイル端末に接続するクレジットカード読み取り機を供給するというものです。アマゾンにとっては，店舗での消費行動データも入手できるというメリットもありました。しかし1年後には，このサービスの終了が決定されました。競合他社よりも手数料を引き下げたにもかかわらず，思ったほど申し込みがなかったからです。あるジャーナリストは，アマゾンに顧客を奪われ続けてきた小売りが，アマゾンとPOSデータを共有することに拒否反応を抱いているからだと分析しています[13]。アマゾンは，自分と小売りが敵対関係にあることを軽視したのかもしれません。

　相手の戦略や利害を分析すべきなどは，極めて当たり前のことだと思われる方がほとんどでしょう。しかし，こうした分析は忘れがちです。アマゾンの場合がどうだったのかはわかりませんが，企業向けに多くの研修をしていると，自分の都合だけで協調戦略を考える人がほとんどな

のです。協調戦略は、相手があって初めて成立するものだということを、忘れてはなりません。

4-3 相手にメリットを与える

さほどメリットを感じていない相手にプレーに参加してもらうためには、身を削ってでもメリットを与えなければなりません。

ヤマハはコンテンツプロバイダーに開発ツールを提供しました。容量の小さい携帯電話回線向けの最適なフォーマットをヤマハが開発し、それを無償提供することで、開発を促したのです。

グーグルのアンドロイドもそうです。グーグルの主力事業は検索サービスとそれに連動した広告ビジネスです。パソコン市場が頭打ちになる中で、モバイルという新しい市場が拡大する兆しが出てきたときに、モバイル端末の普及という役目を担ったのがアンドロイドというOS[14]でした。グーグルは、通信キャリアや端末メーカーにアンドロイドを無償で提供しました。これがスマートフォンの普及に拍車をかけ、結果としてグーグルの広告収入拡大につながったのです[15]。

4-4 相手の領域に踏み込まない

垂直統合をして相手のビジネスを脅かすことは、競争戦略、つまり相手から利益を奪い取るための常套手段です。ところが協調戦略の場合はマイナスに作用します。協調戦略を成功させるためには、相手の領域に踏み込まないことを公言することが大切です[16]。

Quiz6.6で紹介したCPUコアを設計しているアームは、CPU全体の設計には乗り出さないことを公言しています。もしその領域まで垂直統合すれば、クアルコムなどのCPUメーカーと競合することになってしまいます。そうしないことを約束しているからこそ、CPUメーカーは安心してアームと開発情報を共有できるのです。

4-5　相手と歩調を合わせる

　いずれかの企業が先行し過ぎても，あるいは遅れても，協調による果実が減ってしまいます。それぞれが別の事業を営む中でも，上手く歩調を合わせるような仕掛けが必要です。

　成功事例の1つは半導体業界でしょう。ムーアの法則という言葉を聞いたことがあるでしょうか。半導体の集積密度は18〜24ヶ月で倍増するという予測で，インテルの創業者の1人であるゴードン・ムーアが1965年に発表したものです。この集積密度向上の恩恵で，私たちはより小型で安価な電子機器を入手できるようになっています。

　さて，ムーアの法則は予測というよりも，関連業界に対する道しるべのような役割を果たしてきました。半導体の集積密度の向上は，半導体メーカーだけでできるわけではありません。製造装置メーカー，材料メーカー，ソフトウェアメーカーなどが集積密度向上のために開発スケジュールを合わせなければなりません。また新しい半導体を延滞なく普及させるためには，電子機器メーカーなどのユーザー企業に半導体の進歩に合わせた商品を開発してもらわなければなりません。どこかの企業が開発に先行したとしても，その企業は収益を上げることはできません。反対にどこかの企業の開発が遅れてしまえば，半導体業界全体の利益が損なわれてしまいます。供給業者や買い手，補完的生産者のすべてが歩調を合わせて開発することが，半導体とその周辺業界の発展につながっているのです。

　とはいえ，各社それぞれが独立して事業を営む中で，歩調を合わせることは容易ではありません。そこでペースメーカーの役割を担ったのが，ITRS（国際半導体技術ロードマップ）です。ムーアの法則を実現するためのロードマップであり，世界の半導体関連企業の多くがこれに準じた開発計画を立てています[17]。このITRSは，実質的にインテルが主導していることも興味深いでしょう。

第6章 まとめ

- [ ] 第5章では，周囲の企業から利益を奪うための競争戦略を説明した。しかし，その戦略のみで長期的に成功することは難しい。周囲の企業は距離を置くようになり，一時的な利益で終わってしまうことになりかねないからだ。

- [ ] 競争する前に奪い合うパイを拡大することが大切であり，それを協調戦略という。競争戦略がゼロサムゲームであるのに対し，協調戦略はプラスサムゲームである。そして，協調によってパイを広げ，競争によってそのパイを奪い合う戦略を，競争・協調戦略という。

- [ ] 競合企業とも手を組むことは，今や当然のことである。そしてその協調は，市場のパイの拡大，陣営間競争での優位性確保，市場やチャネルの補完，商品や能力の補完，コスト削減や効率性，リスク分散などの目的でなされる。

- [ ] 競合企業以外の協調相手には，供給業者，買い手，そして補完的生産者がある。補完的生産者の存在が協調戦略の特徴の1つである。競争戦略では代替関係にある企業から利益を奪うのに対して，協調戦略では補完関係にある企業と協調する。

- [ ] 陥りがちな過ちは，自社の都合だけから協調戦略を考えることである。相手には相手の戦略があり，また利害が一致するとも限らない。そのため，相手側の立場に立った検討が必須である。相手にもメリットがあるスキームをつくらなければ，長続きはしない。

コラム 6-1　オープンかクローズドか

　自社で開発した技術は，普通に考えれば自社で独占すべきです。しかし，競合企業に開放した方が市場が拡大し，結果的に自社の利益になることもあります。とはいえ，その行為は競合企業の開発費を負担してあげるようなものであり，簡単には決断できません。

　これは，オープン戦略かクローズド戦略かで議論されています。オープン戦略とは，開発した技術を開放して自社技術の規格化を目指す戦略です。1984年にIBMがパソコン事業に乗り出した際には，PC/ATの規格を公開して多くのパソコンメーカーにその互換機を作らせることで，市場を拡大させることに成功しました。いまのパソコンのほとんどは，PC/ATの互換機です。また最近では，グーグルがアンドロイドのソースコードを通信キャリアや端末メーカーに公開して，その普及を促しています。

　一方のクローズド戦略とは，自社単独で業界標準を目指す戦略です。パソコンでは規格を公開したIBMでしたが，大型コンピュータではIBMは公開せずに市場を寡占しました。他社の力を借りずとも，市場を席巻することができたのです。最近では，アップルのiOSが相当します。グーグルのアンドロイドとは違い，自社製のスマートフォンのみで市場を押さえようとしています。

● オープン戦略・クローズド戦略の成功要件

　企業が利益を上げることができるかどうかは，市場の大きさと，その専有可能性（その市場がもたらす利益をどのくらい専有できるか）の掛け算です。市場を拡大させるにはオープン戦略が適していますが，その分，専有可能性が低下するというジレンマに直面します。このジレンマの中で成果を上げるためには，オープン戦略を取りながら何とかして専有可能性を高める方法を考えるか，あるいはクローズド戦略

を取りながら何とかして市場を拡大させるかを考えるかの, いずれかが必要です[18] (図表6-4)。

　オープン戦略を取りながら, そこから生み出される利益を専有するための方法には, ライセンス収入を得ることと, 関連商品で利益を上げることの2つがあります。ただし, ライセンス料の請求は市場拡大を遅らせることになります。グーグルはアンドロイドのライセンス料は請求せずに, アンドロイドとの親和性の高い広告事業で利益を上げています。

　クローズド戦略を取りながら市場を拡大するためには, 何といっても大胆なプロモーションと大量供給が欠かせません。2015年に発売されたiPhone6Sは, たった3日間で1,300万台を販売しました。日本市場でのスマートフォンの年間出荷台数が3,000万台半ばだということを考えれば, その販売量の突出さがわかるでしょう。アップル1社だけでiOSを支えるためには, そこまでしなければならないのです。プロモーションコストを出し惜しみして販売台数が伸びなければ, 市場が一気にアンドロイド陣営に流れてしまうからです。

[図表6-4] オープン戦略とクローズド戦略

戦略	事例	メリット／デメリット	戦略上のポイント
オープン戦略	・規格を公開し, 互換製品開発を促すことで業界標準化 ・IBMのPC/ATやグーグルのアンドロイド	・市場が拡大する ・利益を占有できない	・ライセンス収入 ・関連商品で儲ける (グーグルの広告収入)。
クローズド戦略	・規格を公開せず, 単独で自社製品の業界標準化 ・IBMのシステム360やアップルのiOS	・利益を占有できる ・市場が拡大しない	・市場拡大のためのプロモーション (アップルのグローバルレベルのプロモーションと大量供給)

【注】

1 Barry J. Nalebuff and Adam M. Brandenburger(1997)*Co-opetition*, Linda Michaels Literacy Agency.［島津祐一・東田啓作訳（1997）『コーペティション経営：ゲーム理論がビジネスを変える』日本経済新聞社。］
2 著者による分類。
3 鈴木敏文によれば，セブンイレブンの平均日販は約67万円を超え，他のチェーンを12から20万円も上回っている。
鈴木敏文（2013）『売る力』文春新書。
4 技術などの無形資産を生み出すための協調は，有形資産とは異なりその成果を多重利用できるため，実質的にコスト削減にもなる。
5 永井孝尚（2004）「セブンカフェ成功の裏にあった30年戦争」『東洋経済オンライン』。
6 Eric von Hippel（1988）*The Sources of Innovation*, Oxford University Press.
7 Eric von Hippel（2005）*Democratizing Innovation*, MIT Press.［サイコム・インターナショナル訳（2005）『民主化するイノベーションの時代：メーカー主導からの脱皮』ファーストプレス。］
8 Marco Iansiti and Roy Levin(2004)*The Keystone Advantage*, Harvard Business School Press.［杉本幸太郎訳（2007）『キーストーン戦略』翔泳社。］
9 Bruce C. Greenwald and Judd Kahn(2005)*Competition Demystified*, Portfolio.［辻谷一美訳（2012）『競争戦略の謎を解く』ダイヤモンド社。］
10 三宅秀道（2012）『新しい市場のつくりかた』東洋経済新報社。
11 武石彰（2003）『分業と競争：競争優位のアウトソーシング・マネジメント』有斐閣。
12 兒玉公一郎（2006）「ヤマハ：携帯電話着信メロディ・ビジネスの技術開発，ビジネスモデル構築」『一橋ビジネスレビュー』54（2）：154-171。
13 『Forbes』2015年11月3日電子版。
14 オペレーティング・ソフトウェアのこと。機器の基本的な制御機能を持ち，システム全体を管理するソフトウェア。アプリケーション・ソフトウェアはこれを基盤に動作する。
15 Steven Levy（2011）*In the Plex: How Google Think, Works, and Shapes our Lives*, Simon & Shuster.［仲達志・池村千秋訳（2011）『グーグル：ネット覇者の真実』阪急コミュニケーションズ。］
16 Annabelle Gawer Michael A. Cusumano（2002）*Platform Leadership: How Intel, Microsoft, and Cisco Drive Industry Innovation*, Harvard Business School Press.［小林敏男監訳（2005）『プラットフォーム・リーダーシップ：イノベーションを導く新しい経営戦略』有斐閣。］
17 経済産業省研究開発小委員会（2005）「国際半導体技術ロードマップの活用状況や半導体関連研究開発投資への影響」。
18 淺羽茂（2004）『経営戦略の経済学』日本評論社。

ケーススタディ：生地商社（3）　競争・協調戦略の策定

フローリアに対するカットソーのODM供給を実現させるべく，あなたは次のような差別化戦略を策定した。

- 「素材や加工方法の提案」，「商品アイテムの深さ」，「品質（付加価値）の高さ」，「物語の提案」などの素材を軸にした提案，および「小ロットでの逐次納入」を通じた新商品投入頻度向上への寄与。

あなたはさらに収益性を高めるべく，周囲の企業に対する競争・協調戦略を考えることにした。

●設　問

武田商会を取り巻く業界の俯瞰図（業界全体のバリューチェーンの中での各企業の位置づけ，および武田商会とのビジネス関係がわかる図）を書いた上で，競争・協調戦略（利益を奪うもしくは協調すべき企業とその方法）を考えていただきたい。まずは実行可能性にこだわらず，できる限り多くのアイデアを挙げ，次にその中で優先順位を付けて，実行に移すべきアイデアを選択すること。

図表C-9に武田商会を取り巻く主な企業もしくは業界を示す。もちろん，これ以外にも考えられる。とりわけ補完的生産者は，想像を膨らませて考える必要がある。

[図表 C-9] 武田商会を取り巻く主要な企業や業界

プレイヤー	武田商会との関係性
糸メーカー	・機能性生地の開発を委託する。企業規模は武田商会よりもはるかに大きい。機能性生地が開発できるかどうかは、糸メーカーの研究開発力に頼るところが大きい。
生地メーカー	・武田商会の生地事業に生地を供給する。機能性生地の開発を委託することもある。企業規模は武田商会よりも小さいところがほとんどである。
武田商会の生地事業	・生地の供給を受ける。
生地商社の生地事業	・生地の供給を受ける。武田商会の生地事業よりも有利な取引条件であれば、競合の生地商社から調達する。
縫製メーカー	・製品の製造を委託する。これまでの場当たり的な取引先開拓により、国内と海外(中国、東南アジア)にレベルがまちまちなメーカーが散在している。
服飾資材商社	・ボタン、ファスナー、フック、ビーズなど、生地以外の資材の供給を受ける。小規模の多数の商社が存在する。
総合商社	・ミキ商事。海外から製品を調達して、フローリアに供給する。トレンド情報収集力のある総合商社に対するフローリアの評価が高まっており、他の総合商社も参入を狙っている。
生地商社の製品事業	・矢作、脇定、モリモト。フローリアに製品をOEM、ODM供給する。
フローリアの生産部門	・自社ブランドのアパレル製品を企画・生産する。総合商社や生地商社からの製品調達よりも、割合は大きい。
アクセサリー等供給業者	・ネックレス、ブローチ、ベルト、バッグ、財布などのアクセサリーや小物の供給を受ける。アパレル製品を供給する4社とは別の会社である。
フローリア	・武田商会生地事業のターゲット顧客。
エンドユーザー(OL)	・フローリアのターゲット顧客。

解説

ケースの目的
ケーススタディ (3) は，競争・協調戦略を策定する手順とツール，およびその勘所を理解することが目的です。第5章と第6章で説明したパターンを当てはめながら検討できるケースを作成しました。

ケースの解説
▶業界俯瞰図の作成

協調・競争戦略検討の第一歩は，業界を取り巻く俯瞰図の作成です。武田商会の製品事業を中心に据え，**図表C-9**に記載された企業や業界を周囲に配置すると，**図表C-10**のような俯瞰図が描けます。

[図表 C-10] 業界俯瞰図

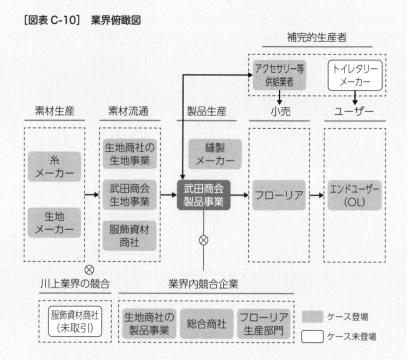

▶競争・協調戦略の代替案の検討

　業界俯瞰図を見ながら，どの企業からどのようにして利益を奪うのか，またどの企業とどんな目的で協調するのかを検討します。例えば，図表C-11のような戦略が考えられます。もちろん，これ以外にも様々なアイデアがあるでしょう。

補足：補完的生産者との協調戦略を考える方法

　補完的生産者を探し出すための１つの方法は，カットソー以外で顧客が購入している商品・サービスを洗い出すことです。そしてその商品・サービスの中に，補完性が高いものがないかを考えます。このケースの場合は，フローリアとエンドユーザーの２種類の顧客が検討対象です。

　一次顧客のフローリアがカットソー以外で購入しているものは，他のアイテムやアクセサリー類です。それらの供給業者との協調戦略として，トータルコーディネート支援が考えられるでしょう。フローリアの商品企画部門が検討すべきことを，肩代わりしてあげるのです。

　二次顧客のエンドユーザーは様々なものを購入しているため，洗い出しにはきりがありません。１つのアイデアとして挙げたのが，トイレタリーメーカーとの協調です。武田商会は素材での差別化を図っており，その素材特性が劣化しないような洗剤の開発などが考えられます（とはいうものの，インパクトは高くないでしょう。私の堅い頭ではこれが限界です。もっと良い協調戦略がないか考えてみましょう）。

▶競争・協調戦略の選択

　上記で示した８つのアイデアに，優先順位をつけます。ペイオフマトリクスを使った場合，図表C-12のようになると思われます。ここではインパクトの高い３つについて，解説します。

[図表 C-11]　競争・協調戦略のアイデア

競争・協調先の企業や業界	方法	武田商会の利益が増えるメカニズム
①糸メーカー，武田商会の生地事業	・着心地の良い機能性生地の開発を委託	・十分な開発費と調達価格を支払うが，製品価格が向上するため，それ以上のメリットがある。
②服飾資材商社	・合い見積もり	・武田商会の戦略にとってはコア・プレイヤーではなく，また小規模の企業が多数存在しているため，コスト低減圧力をかけやすい。
③生地商社の製品事業	・生地商社ならではの魅力を訴求	・台頭する総合商社を牽制し，また自社製品部門からの切り替えによって外部調達割合を増やす。
④縫製メーカー	・品質水準による使い分け	・品質水準の低い工場にはコスト削減要求をし，高い工場には服飾資材の調達までを任せることで効率化する。
⑤カットソー以外の商品アイテム供給ベンダー（特に，フローリアの生産部門）	・他の納入業者と連携したトータルコーディネート提案	・そのコーディネートの魅力が高まるほど，武田商会のカットソーの販売が伸びる。 ・最も取扱量が多いフローリア生産部門向けであれば効果が大きい。かつ，生地事業として既に取引があるため実現もしやすい。
⑥アクセサリー等供給業者	・テイストを合わせることで，トータルコーディネート支援	・そのコーディネートの魅力が高まるほど，武田商会のカットソーの販売が伸びる。
⑦エンドユーザー（OL）	・OLに対する生地の訴求	・機能性生地をブランド化して消費者に訴えることで，フローリアに採用圧力をかける。
⑧トイレタリーメーカー	・特殊生地の機能を劣化させない洗剤の開発を依頼	・武田商会のカットソーの耐久性が高まり，価値が上昇する。

[図表C-12] ペイオフマトリクス

	実行可能性／負のインパクト	
	低／大	高／小
インパクト 大	⑤カットソー以外の商品アイテム供給業者 ⑦エンドユーザー（OL）	①糸メーカー，武田商会の生地事業
インパクト 小	③生地商社の製品事業 ⑧トイレタリーメーカー	②服飾資材商社 ④縫製メーカー ⑥アクセサリー供給業者

①糸メーカー，武田商会の生地事業

　ケーススタディ（2）では素材での差別化方針を打ち出しましたが，武田商会自身には着心地の良い素材を開発する能力はありません。糸メーカーとの協調戦略が必須であり，また同社の生地事業部門と糸メーカーとは既に関係性が築かれていることから，難易度も高くないでしょう。この協調戦略が，武田商会にとって最も重要だといえます。

⑤カットソー以外の商品アイテム供給業者

　フローリアはトータルコーディネートでの差別化を目指していますが，カットソーぐらいしか強いアイテムがない武田商会だけで，その支援をすることは困難です。それであれば，競合他社と申し合わせて，フローリアがユーザーにトータルコーディネートを提案しやすい状況を作り上げることが考えられます。とはいうものの，競合企業との協調は容易には実現できません。フローリア向けではすみ分けていますが，他の市場では熾烈な競争を繰り広げているからです。一方，フローリアの生産部門であれば，そうした障害はありません。また同部門が扱っている商品アイテムは多様なので，コーディネートの選択肢も広がります。

⑦エンドユーザー（OL）

　顧客の顧客にアプローチし，指名買いをしてもらう方法です。ゴアテックスをイメージすればわかりやすいでしょう。ゴアテックスとはアメリカのWLゴア＆アソシエイツ社が開発した防水透湿性素材であり，ブランドでもあります。ブランド名が消費者にも浸透しており，インテルのCPUが搭載されることでパソコンの価値が高まるように，ゴアテックスが使用されることで衣服の価値が高まります。

　これは，生地商社の多くが目指している姿です。日本の生地商社でも，自社で開発した素材にブランド名を付与し，消費者に直接アピールしようとする試みがなされています。ただし，難易度が高く，また多額のプロモーションコストがかかります。

第 4 部

利益モデル

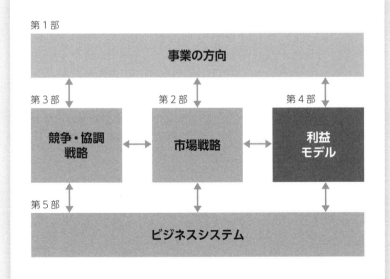

第7章
経済性の概念整理

平均以上の利益を上げるためのパターンや仕掛けが存在します。これを利益モデルと称します。これらを上手く使いこなすことも収益性向上には大切です。この利益モデルは，様々な側面から語られています。まず本章では，経済学で見いだされた経済的パターンを紹介します。

Quiz

● Quiz7.1　資本集約的産業

化学プラントや製鉄工場，半導体工場には小規模なものがないのに対して，小売業では小規模な店舗が一般的です。何が規模の違いをもたらしているのでしょうか。

● Quiz7.2　三愛

山本梓や木下優樹菜を輩出した「三愛イメージガール」で有名な水着中心のアパレルの三愛は，かつては複写機メーカーのリコーの子会社でした。2015年にリコーは三愛を売却する決定をしました。なぜリコーは売却したのでしょうか。また，どんな企業が何を目的に購入したのでしょうか。

● Quiz7.3　日本電産

日本で最もM&Aに長けた経営者の1人は，間違いなく日本電産社長の永守重信氏でしょう。小型モーターメーカーの日本電産は，シンポ工業，コパル，三協精機など，多くの企業に資本参加し，いずれも数年間で株価を大きく上昇させました。日本電産が資本参加したら，なぜ事業が上手くいくようになるのでしょうか。

> 本文を読む前に，以下のQuizを考えてください。

●Quiz7.4　アメリカン・エキスプレス

　ステイタスの高さで有名なアメリカン・エキスプレスというカード会社があります。総合金融サービスを目指す同社は，かつて証券会社を買収したときに，証券の営業担当がカード会員に対して証券取引を勧誘するようにしました。果たして，この取り組みは上手くいったでしょうか。

●Quiz7.5　セブンイレブン

　圧倒的な店舗数を誇るセブンイレブンですが，実は各エリアに満遍なく出店しているわけではありません。多くの店舗を構えるエリアもあれば，全く出店していないエリアもあります。これは，どのような理由からでしょうか。

●Quiz7.6　SNS

　フェイスブックやLINEに代表されるソーシャルネットワーキングサービス（SNS）事業では，始めのうちは採算を度外視してプロモーションコストをかけて，利用を促進しようとします。なぜそれほどのコスト負担をしてまで，利用者を増やそうとするのでしょうか。

第4部は利益モデルの説明です。とはいうものの、"利益モデル"の定義は存在しません。"戦略"の定義もないに等しいですが、それにも増して曖昧です。さらに困ったことは、いろいろな側面から語られていることです。

そこでここでは、利益モデルを「平均以上の利益を上げるためのパターンや仕掛け」と便宜的に定義し、次の3つの側面から説明します。

<利益モデルの3つの側面>
- 経済学的な議論（第7章：経済性の概念整理）
- 管理会計的な議論（第8章：利益構造の選択）
- 利益を上げるスキーム（第9章：マネタイズ方法の検討）

1 経済学における高収益性パターン

経済学の中で、経済的になるパターン（言い換えれば、利益をもたらすパターン）が議論されています。主要なものは、以下の4つでしょう。これらは、第8章と第9章の前提知識のような位置付けです。本章でその概念を整理します。

<利益をもたらすパターン>
- 規模の経済性（Economies of Scale）
- 範囲の経済性（Economies of Scope）
- 密度の経済性（Economies of Density）
- ネットワーク外部性（Network Externality）

ところで経済学とは、複雑な現実の問題を単純にしてモデル化する学問です。複雑な現実から枝葉末節を取り除き、その問題の本質的な部分

がわかるようにするところに意義があります[2]。わかりやすくなる半面，そのモデルが当てはまらない事象があることも確かです。そのため，経済学の理論を盲目的に使うことは危険です。自社の事業に適用できるのかどうか，あるいはどのように応用すればよいのかを常に考えなければなりません。

みなさまの事業では，どの種の経済性をどう応用すればよいのかを考えながらお読みください。

2 規模の経済性

規模の経済性とは，生産量が増えるに従って，単位当たりのコストが低下することをいいます[3]。この概念は，事業規模を拡大する根拠になるものです。

2-1 規模の経済性が生じる理由

このような効果が生じる理由の詳細は，様々な切り口から語られています。主な理由のみを，簡潔に説明します。

●事業規模に比例しない共通費の存在

事業規模に比例しないコストの存在は，規模の経済性をもたらします。そしてその種のコストは，固定費です。工場や設備等の固定費の比率が高い資本集約的産業では，操業度が増しても変動費はそれほどかかりません。また，広告宣伝費や研究開発費などの共通費も事業規模に比例するわけではないため，単位当たりのコストは低下することになります。

● 設備や装置の非分割性

　資本集約的産業で規模の経済性が生じやすいことは，別の側面からも説明されています。設備や装置の非分割性です。設備や装置には最低限必要な生産規模があり，しかも細切れに分割できないため，一定規模以上にしなければロスが生じてしまうためです。

　Quiz7.1もこの非分割性から説明ができます。化学プラントや製鉄工場，半導体工場の生産ラインは分割ができないため，大規模化しなければ非効率になります。その一方で，労働集約的な産業，例えば接客対応を中心とするサービス業では，店舗を大きくするメリットはそれほどありません。多店舗展開によって，店舗当たりの共通費負担を減らすことはできても，各店舗の規模を大きくすることによる効果はあまりありません。

● その他の効率化要因

　そのほかにも様々な理由があります。調達量が増えれば，ボリューム・ディスカウントによる調達コストの低減が見込めます。また，在庫コストが削減されることもあります。売上数量が多いほど，より低い売上高在庫比率で，品切れリスクを回避できるようになるからです。数学が得意な方は，待ち行列理論で考えてみてください。

　ここまでの説明でわかるように，規模の経済性を最大限に活かせるのは資本集約的産業です。つまり，高度成長期のモデルともいえます。しかし，現在では利益創出のドライバーが資本から知識へと移行しています。そうした企業では，規模の経済性に大きな期待はできません。

2-2　規模の不経済

　たとえ規模の経済性が生じる産業であっても。無批判で事業規模を拡大することは避けなければなりません。事業規模を拡大するにつれて平

[図表7-1] 規模の不経済が生じる要因

不経済の種類	効率性を損なう要因
労働コストの増加	・一般的には大企業の方が，賃金が高い。さらには，労働組合結成による経営コスト上昇も指摘されている。
モニタリング・コミュニケーションコストの増加	・従業員が増加すれば管理監督するコストが上昇する。より上昇が著しいのが，コミュニケーションコストであり，指数関数的に増加する。
儲けの少ない顧客層の増加	・事業規模を拡大するには顧客層を拡大しなければならなくなり，儲けの少ない顧客層にも販売せざるを得なくなる。やや拡大解釈だが，多くの大企業が直面する悩みである。

均費用が上がってしまうという，規模の不経済も存在するからです（図表7-1）。事業規模の追求よりも，"適切な事業規模"を考えることの方が大切です。

3 範囲の経済性

　規模の経済性が事業規模によるものに対して，範囲の経済性は事業の種類によります。いくつかの事業がある場合，それらを異なる企業で手掛けるよりも，同一企業で手掛けた方がコストが減少することと定義されます。コスト削減効果だけでなく，価値の創出も含めて捉えた方がよいでしょう。そしてこの効果は，多角化の合理的な理由になります。

　なお，シナジー効果という言葉をよく聞きますが，ここでは同じものだと思って構いません[4]。

3-1　範囲の経済性が生じる理由

　カジノとホテルを考えてみましょう。カジノに併設されているホテル

は，その品質の高さから考えると，宿泊料はかなり安く抑えられています。ほとんど利益は出ていないのではないかと思えるほどです。儲かっていないにもかかわらず撤退しないのは，カジノに来てもらうためです。ホテル事業とカジノ事業が顧客を共有してはじめて，儲けることができるのです。

　Quiz7.2 も範囲の経済性から説明できます。その前に事実関係を補足しておきます。そもそもなぜリコーが三愛を子会社に持っていたのかを疑問に感じた人は多いでしょう。リコーの前身の理研感光紙を1936年に創業した創業者がいろいろな事業を立ち上げ，その1つに三愛がありました。設立は1945年です。もともとはリコーとの資本関係はありませんでしたが，バブル崩壊後に経営不振に陥った三愛の株式のすべてをリコーが取得したことで，完全子会社になったのです。

　とはいっても，複写機メーカーと水着のアパレルではシナジー効果が全くありません。これでは三愛を傘下に持っていることを株主に説明ができません[5]。リコーの傘下に入っているよりも，別の企業グループの傘下に入った方が事業として上手くいくと判断したのでしょう。では，どの企業が手を挙げたかというと，女性用の下着メーカーのワコールです。売り先が同じ女性だということで販売シナジーが期待できます。また，研究成果の共有もできます。ワコールの人間科学研究所では女性の体型に関するデータを蓄積し，また着け心地や肌触りを研究しています。その研究結果を三愛での水着の開発に利用できます。範囲の経済性から考えれば，三愛を売ったリコーも，三愛を買ったワコールも，合理的な判断をしたといえます。

　これらの事例からもわかるように，範囲の経済性は複数事業で何かを共有することで生じるのです。

● シナジーのタイプ

　それでは何を共有すれば，範囲の経済性が生じるのでしょうか。H・イゴール・アンゾフは，販売シナジー，生産シナジー，投資シナジー，

[図表7-2] シナジーのタイプ

シナジーの種類	資源等の共有方法
販売シナジー	・顧客や流通チャネルを共有したり、広告や販促活動を共同で実施すること。
生産シナジー	・生産設備や生産要員などを共有することで、コスト上昇を操業度の増加見合い以下に抑えること。
投資シナジー	・研究開発などへの投資成果を共有すること。
経営管理シナジー	・マネジメントの方法論やノウハウを共有すること。

出所:Ansoff(1965)をもとに作成。

経営管理シナジーの4種類を挙げています[6]（図表7-2）。

Quiz7.3で紹介した日本電産社長の永守重信氏によるM&Aの成功は、まさに経営管理シナジーによるものでしょう。永守社長は、技術力はあるがそれに見合った成果を上げていない企業を買収先に選定しています。同氏は「一番の問題は経営者。もともとそこの社員には大きな潜在能力があったのに、それを引き出すことができなかった[7]」と指摘しています。まさに永守社長の経営管理力を共有することで、経営成果を高めたのです。

3-2 シナジーの幻想

ここまでの説明を読むと、範囲の経済性とはさほどの追加コストなしに大きな効果を得られる魔法の杖のように思えるかもしれません。しかし、それは大きな勘違いです。

例えばQuiz7.4のアメリカン・エキスプレスの事例です。買収した証券事業の営業活動にカード事業の会員情報を提供する方針を出すと、カード事業側は激しく反発しました。同社のカード事業は一人ひとりに合わせたサービスを心掛けており、一律的にしかも唐突に証券取引を勧誘すれば、長年かけて築いた信頼関係が崩れてしまうからです。その後何年にもわたって激しい対立が続き、シナジーが実現できなかったばか

りでなく嫌気がさした経営幹部が何人も辞職し，結局は証券事業を売却することになってしまいました[8]。

メディアで紹介されるのは成功事例ばかりなので，シナジーに対しては良い印象を抱きがちです。しかし，その裏に何倍もの失敗事例があることを忘れてはいけません。一橋大学大学院教授の沼上幹氏は，シナジー効果には大きな労力・コストがかかるという問題点を抜きにして言葉だけが一人歩きしていることに，警鐘を鳴らしています[9]。

● シナジーのコスト

シナジー効果を発揮するための労力やコストにはどのようなものがあるのでしょうか。ポーターは，調整コスト，妥協コスト，非柔軟性コストの3つを挙げています[10]（図表7-3）。それ以外にも，責任の所在が曖昧になってしまうような問題もあります。

複数事業を抱える企業の経営者の中には，シナジーを発揮させなければならないという強迫観念に駆られている人もいるでしょう。しかし現実は，シナジーが上手くいかないことの方が多いのです。それどころか，シナジー効果を狙うがために，業績が悪化してしまうこともあります。シナジーは確かに効果的です。事業の多角化やM&Aではシナジーを考

[図表7-3] シナジーのコスト

シナジーのコスト	効率性を損なう理由
調整コスト	・他事業との様々な連絡やすり合わせ作業の手間暇。業務レベルよりも事業間レベルの調整ははるかに複雑である。
妥協コスト	・何かを共有するために，何かを犠牲にしなければならない。部品の共有化のために製品特徴を犠牲にしたり，共同配送のために配送タイミングや頻度に制約を受けるなど。
非柔軟性コスト	・シナジーのスキーム通りに進めなければならないため，市場や競合企業の動きに即座に反応できなくなる。
負のインセンティブ	・責任の所在が曖昧になり，できるだけ楽をして，分け前にありつこうと，お互いが思ってしまう。

出所：Porter(1985)をもとに作成。4項目目は著者による。

えるべきですが，現時点で複数の事業があるからといって，無批判でシナジーを発揮させようとすることは避けなければなりません。シナジーを目的化させず，シナジーの可能性を吟味してから取り組むべきです。

4 密度の経済性

密度の経済とは，密集しているときに生じる効率化効果です。高度成長期のモデルである規模の経済性，そして幻想で終わることの多い範囲の経済性に対して，密度の経済性はより確実な効果が期待できます。

この効果は，2つの側面に分けて考えるとよいでしょう。

4-1 需要の密度

第2章の中の「市場環境」でも説明したように，顧客が様々なエリアに散らばっているよりも，特定エリアに密集していた方がコストが削減されます。また，多数の小口顧客を相手にするよりも，少数の大口顧客を相手にする方が効率的です。営業拠点や営業担当者も少なくて済み，また移動コストや移動時間も削減されるからです。

営業コスト削減以外のメリットもあります。例えばQuiz7.5のセブンイレブンです。コンビニ業界で最大の店舗数を誇るセブンイレブンですが，数年前までは四国エリアに1店舗も出店していませんでした。2012年になって四国進出を発表したのですが，出店計画が尋常ではない数でした。2015年度までに一気に250店を出店し，2019年度までに520店に増やす計画を打ち立てたのです。僅かな店舗数だと経営が成り立たないからです。店舗が密集していた方がスーパーバイザー[11]の業務効率が良いという理由もありますが，それ以外もあります。

セブンイレブンでは窓口問屋制度を用いています。様々な卸売業者が

店舗に納品すると受け入れ作業が膨大になってしまうので，すべての商品をいったん窓口問屋に納入してもらい，そこで店舗別に仕分けをして各店舗に配送する仕組みです。店舗が少なければ，この物流システムのコストを負担できません。さらには，弁当やおにぎりなどを供給してくれる提携メーカーもついてきてくれません。専用工場を設置しても採算が取れないからです。そこでセブンイレブンは，店舗を密集させて出店させるようにしています。これをドミナント戦略といいます。

　全国展開している大手スーパーよりも，地元のチェーンストアの方が繁盛しているエリアは少なくありませんが，それには密度の経済性も関係しています。

4-2　生産拠点の密度

　産業集積のメリットとしても，知られています。地理的に企業が集中していることによって，企業間のやり取りが効率化されるほか，輸送費や輸送時間が節約されます。さらには，情報交換も円滑化されます。

　この産業集積を意図的に形成している企業といえば，トヨタでしょう。同社は，もともとは創業の地である中部エリアに工場やサプライヤーを集結させていました。その後，生産台数が増加して生産能力が限界に近づくと，中部の周辺エリアにドーナツ状に展開するのではなく，福岡県に生産拠点を構えました。その際，トヨタだけで進出したのではなく，サプライヤーも伴って，サプライヤーネットワークを移植したところが特徴的です。

5　ネットワーク外部性

　商品・サービスの利用者数が増えるほど，利用価値が高まることがあ

ります。この効果をネットワーク外部性といいます。

5-1 利用者による付加価値

　Quiz7.6で取り上げた，フェイスブックやLINEなどのSNSなどでは顕著でしょう。利用者が増えるほど多くの人とのコミュニケーションができるようになり，利用価値が高まります。

　それ以外にも，ユーザー同士でのやり取りが発生する場合はネットワーク外部性が生じます。マイクロソフトの業務ソフトであるオフィスは，業務上のやり取りをする相手もオフィスを使っている場合にはスムーズなデータのやり取りができます。また，取扱説明書もないiPhoneを購入しても，周りにiPhoneユーザーがたくさんいれば，使い方を教えてもらうこともできます。

　これを戦略的に活用したのがグーグルです。同社がタブレットのネクサス（Nexus）を市場投入すると，数百万人のユーザーから対応できないほどの質問や意見が届きました。対応に追われていた担当者に対して，創業者のラリー・ペイジはこう言ったそうです。「一人ひとりに直接答えるなどという馬鹿げたやり方ではなく，ユーザー同士に助け合わせて，お互いの質問に回答させればいいじゃないか[12]。」

　このように，商品・サービスそのものではなく，利用者の存在自体が価値を生み出すのです。その場合は，利用者数の多さが競争優位性に直結することになります。

5-2 供給業者による付加価値

　ネットワーク外部性をもたらすのは，利用者だけではありません。そのネットワークに参加する供給業者も価値を生み出してくれます。

　これは規格間競争でよく見られます。例えばスマートフォンのOSは，iPhoneに搭載されているiOSとグーグルが提供するアンドロイドの2

種類が争っています。もしこの拮抗状態が崩れ始めたら，アプリケーションソフトの開発ベンダーは，優勢になりつつあるOS向けのソフト開発を優先するでしょう。そしてこのような勝ち馬に乗るような供給業者の行動が，一層の優位性をもたらします。

こうした観点から考えれば，現在シェアの低いウィンドウズフォン（Windows Phone）が挽回するためには，アプリケーションソフトの豊富さ以外の魅力で勝負する方がよいといえます。

5-3 先行者優位

関連した概念を説明します。先行者であるほど優位に立てるという法則があります。ただし，すべての状況で当てはまるわけではありません。先行者が不遇を被ることもあります。模倣した方が試行錯誤の期間やコストも少なく，また不確実性に伴うリスクも負わずに済むからです。

しかし，特定の条件下では先行者に優位性があることがわかっています。例えば，購入前の品質判断が難しいような経験財の場合は，消費者はブランドスイッチをしにくくなります。経験曲線が働く場合は，先行企業がコスト優位に立てます。商品・サービスを使いこなすために顧客側が慣れなければならない場合も，スイッチをしづらくなるでしょう。立地等の重要リソースの供給が限られている場合や特許等の知的財産権が鍵を握る場合は，先行者がそれらを押さえることで優位に立てます。同様に，ネットワーク外部性が働く場合も，先行者が優位に立てます[13]。

グーグルはSNSの可能性を見落とし，参入が遅れました。2011年に"Google+"で参入したものの，先行するフェイスブックとの溝を埋めることはできていません。グーグル元CEOのエリック・シュミットは，SNS市場の成長を見逃したことが最大の過ちだったと回顧しています[14]。ネットワーク外部性が働く場合は，リスクをとってでも，またコストを負担してでも，早期に利用者数を増やすべきなのです。

第7章 まとめ

☐ 本書では利益モデルを「平均以上の利益を上げるためのパターンや仕掛け」と定義し，経済学的な議論，管理会計的な議論，利益を上げるスキームに分けて扱う。本章は，経済学的な議論についてである。

☐ 経済的になるパターンの主なものには，規模の経済性，範囲の経済性，密度の経済性，ネットワーク外部性がある。

☐ 生産量が増えるに従って単位当たりのコストが低下することを，規模の経済性という。これは資本集約的産業で生じやすく，労働集約型ら知識集約型では享受しにくい。

☐ 複数の事業を手掛けることによる効率化効果を，範囲の経済性という。これは事業間で何らかの経営資源を共有することによって生じる。しかし，調整コストや妥協コスト，非柔軟性コストという代償を伴い，シナジーは幻想に終わることの方が多い。

☐ 密集しているときに生じる効率化効果を，密度の経済性という。顧客が密集していれば営業効率が高まり，生産ネットワークの物理的範囲が狭ければ，生産効率の向上や情報交換の円滑化が期待される。

☐ 商品・サービスの利用者数が増えるほど利用価値が高まる効果を，ネットワーク外部性という。こうした特性が認められる場合は，コストをかけてでも，またリスクを取ってでも，早期に利用者を増やすべきである。

【注】

1 "利益モデル"よりも"収益モデル"の方がよく聞かれるかもしれない。しかし,収益は売上に相当する。本書は超過利益の獲得が目的であるため"利益モデル"を使っている。
2 伊藤秀史(2004)「商学部生への経済学のススメ」『一橋論叢』131(4):195-214。
3 規模の経済性と似た概念に,経験曲線効果がある。この2つは異なる概念である。経験曲線効果とは,累積生産量とともに単位当たりのコストが低くなるという効果である。規模の生産性との大きな違いは,時間という変数が関係することである。
4 厳密に言えば,範囲の経済性とシナジー効果は同一ではない。伊丹敬之は範囲の経済性を,①他の事業の遊休施設や副産物を別の事業が利用するなどお互いを補う相補効果(コンプリメント効果)と,②ある事業で蓄積した資産を別の事業がただ乗りすることで1+1を2以上にする相乗効果(シナジー効果)に分けている。つまり,シナジー効果は範囲の経済性の中の1つの効果だとしている。
伊丹敬之(1984)『新・経営戦略の論理』日本経済新聞社。
5 個々の事業の価値を合算した額に比べ割安になる現象を,コングロマリット・ディスカウントという。株主がポートフォリオを強制されることになるからである。それを避けるためには,シナジーの存在を説明しなければならない。一方,シナジー効果が期待できる企業に売却できれば,その分だけプレミアムを上乗せした売却額が期待できる。
6 H. Igor Ansoff (1965) *Corporate Strategy: An Analytical Approach to Business Policy for Growth and Expansion*, McGraw-Hill.〔広田寿亮訳(1969)『企業戦略論』産業能率大学出版部。〕
7 日本経済新聞社(2004)『日本電産:永守イズムの挑戦』日本経済新聞社。
8 Louis V Gerstner, Jr. (2002) *Who says elephants can't dance?: Inside IBM's historic turnaround*, Janklow & Nesbit.〔山岡洋一・高遠裕子訳(2002)『巨像も踊る』日本経済新聞出版社。〕
9 沼上幹(2009)『経営戦略の思考法』日本経済新聞社。
10 Michael E. Porter (1985) *Competitive Advantage*, Free Press.〔土岐坤・中辻萬治・小野寺武夫訳(1985)『競争優位の戦略』ダイヤモンド社。〕
11 フランチャイズ加盟店に対して,売上向上のための情報提供や経営アドバイスを行う職務。
12 Steven Levy (2011) *In the Plex: How Google Think, Works, and Shapes our Lives*, Simon & Shuster.〔仲達志・池村千秋訳(2011)『グーグル:ネット覇者の真実』阪急コミュニケーションズ。〕
13 青島矢一(2001)「イノベーションと企業戦略」『イノベーション・マネジメント入門』日本経済新聞社。
14 『Bloomberg』2014年1月2日電子版。

第 8 章

利益構造の選択

概念的な前章に対し，本章ではより実務的な内容になります。販売量を目指すのか，価格プレミアムを目指すのか。固定費型費用構造にするのか，変動費型にするのか。これらは，事業運営上で求められる選択です。この意思決定にて考慮すべきポイントを説明します。

Quiz

● Quiz8.1　フォルクスワーゲンとポルシェ

　フォルクスワーゲン・グループの傘下には，多くのブランドがあります。フォルクスワーゲンはもちろんのこと，ポルシェもそのグループに属しています。この２つのブランドの営業利益は大きく変わりません。しかし，損益計算書の構造は全く違います。何がどう違うでしょうか。

● Quiz8.2　代々木ゼミナールと東進ハイスクール

　授業料を引き下げることによって受講者数を増やすという価格戦略を講じようとした場合，代々木ゼミナールと東進ハイスクールとでは，どちらが功を奏すでしょうか。かつてのように高校生と予備校生がたくさんいるという前提で（そのような時代はもう来ないでしょうが）考えてください。

● Quiz8.3　半導体業界

　半導体業界にはシリコンサイクルと呼ばれる景気サイクルがあり，半導体メーカーはこの好不況の繰り返しに悩まされてきました。日本でも，1990年代初めのバブル経済崩壊で大打撃を受けました。その後もシリコンサイクルは繰り返されていますが，半導体メーカーは以前ほどの財務的影響は受けていません。何が変わったのでしょうか。

本文を読む前に，以下のQuizを考えてください．

●Quiz8.4　ウォルト・ディズニー

　ウォルト・ディズニーは2006年から僅か6年間で，トイ・ストーリーやファインディング・ニモで有名な映画会社のピクサー，スパイダーマンを手掛けたマーベル・スタジオ，そしてスターウォーズで名を馳せたルーカス・フィルムを買収しました。しかも，多額のプレミアムを上乗せした価格です。ディズニーはこの投資を，どうやって回収するのでしょうか。

●Quiz8.5　航空業界

　飛行機にはファーストクラス，ビジネスクラス，エコノミークラスがあります。価格の安いエコノミークラスではあまり儲からず，利益の多くはファーストクラスとビジネスクラスがもたらしているといってよいでしょう。それなのに，なぜエコノミークラスを廃止しないのでしょうか。

●Quiz8.6　コメダ珈琲

　喫茶店チェーンのコメダ珈琲は，何時でも顧客で賑わっています。飲食店には顧客があまり来ないアイドルタイムがあるのが通常ですが，コメダ珈琲は違います。なぜでしょうか。

第7章では，利益モデルの基本となる概念を説明いたしました。第8章と第9章では，より実務的な内容に移ります。第8章では事業を考える際に直面する2種類のトレードオフを説明します。

＜利益構造上のトレードオフ＞
- 販売量か価格プレミアムか
- 固定費型か変動費型か

　この2つは，目新しいものではありません。企業の中では以前から当然のごとく検討されてきたことです。とはいうものの，その背景にある理屈までを吟味して選択していることは少ないかもしれません。改めて考えてみましょう。

1　販売量か価格プレミアムか

1-1　販売量と価格プレミアムとのトレードオフ

　販売量と価格プレミアムはトレードオフの関係にあります。どちらかを選択しなければなりません。カローラとフェラーリをイメージしていただければ，多くの説明を要しないでしょう。リーズナブルな価格のカローラは，年間100万台以上を販売しています[1]。一方のフェラーリの年間生産台数は7,000台程度ですが，1台当たり約6,000万円で販売しています[2]。

　Quiz8.1で取り上げた，フォルクスワーゲンとポルシェの違いも同じです[3]。フォルクスワーゲンは日本では高級なイメージがあるかもしれませんが，世界的に見れば大衆車です。"Volk"は国民，"Wagen"は車なので，「国民車」という意味が込められています。一方のポルシェは，

[図表8-1] フォルクスワーゲンとポルシェの業績比較

財務データ	フォルクスワーゲン	ポルシェ
売上高	14.0 兆円	2.5 兆円
販売台数	460 万台	20 万台
平均単価	300 万円	1,300 万円
営業利益	3,500 億円	3,800 億円
営業利益率	2.5%	15.8%

出所：フォルクスワーゲングループのアニュアルレポート 2014 より作成。
※ 1ユーロ＝140・511 円（2014 年平均）で円換算。

言わずと知れた高級スポーツカーです。この2つのブランドの利益額は大きくは変わりません。2014年度のフォルクスワーゲンの営業利益は約3,500億円であり，ポルシェは3,800億円です。しかし販売量と利益率は正反対です。フォルクスワーゲンは年間450万台も販売しているのに対し，ポルシェは僅か20万台です。しかしポルシェの営業利益率は15.8％と，フォルクスワーゲンの2.5％を大きく上回っています（図表8-1）。スタンスの違いがはっきりわかるでしょう。

　販売量と価格プレミアムの両方が重要なことは確かです。ただし，両方を追い求めることは戦略ではなく，努力です。戦略は，どちらかのスタンスを選択することです。

　もちろん，大量に販売し，かつ高い利益率を実現している事業はあります。例えばマイクロソフトのウィンドウズ事業です。ウィンドウズの世界シェアは，90％以上です。同時に，60％以上という驚くほどの営業利益率をたたき出しています。ちなみに2000年代前半には85％に達していました。しかし，後述しますが，マイクロソフトもどちらかに軸足を置いているはずです。

1-2　事業特性から考える

　それでは販売量と価格プレミアムのどちらに軸足を置くべきでしょう

か。もちろんケースバイケースです。第3章で選択した，差別化かコスト・リーダーシップかによっても変わります。コスト・リーダーシップを選択した場合は，販売量を目指すことが適します。規模の経済を活用してコスト優位に立つというのが王道だからです。反対に差別化を選択した場合は，価格プレミアムを目指すべきです。ターゲット顧客を絞り込むがゆえに販売量はそれほど期待できないため，その分，利幅を大きくしなければなりません。

　それ以外にも，事業特性から考えるべきこともあります。4つの事業特性を取り上げて説明します。いずれも，販売量を増やせるだけの市場規模が存在するという前提です。

●価格弾力性

　価格弾力性とは，価格の増減に対する需要量の増減を意味します。映画館の学割がよく説明に使われます。大学時代の経済学の授業で，時間のない社会人は価格にかかわらず映画を見るが，暇をもてあましている学生は値下げにつられて映画を見に来ると説明され，少し腑に落ちないところがあったものの，今となってはその通りだと思います。価格弾力性が高ければ，利幅を犠牲にすることによって，大幅に販売量を増やすことができます。

　なお，価格弾力性はテストマーケティングで測定することができます。ある牛丼チェーンでは，特定のエリアに限定して告知なしに値下げをして，しかも店舗ごとに値下げ幅を変えて販売数量の変化を測定してから，値下げキャンペーンを実施していました（もちろん，慢性的に低価格になった今では，そのようなテストマーケティングはしていないと思われますが）。

●固定費比率

　固定費を回収するためには，価格を下げてでも販売量を増やさなければなりません。大規模な工場を建てたならば，製品単位当たりの利幅が

少なくても販売量を増やした方が稼働損が少なくなり、トータルとしての利益が大きくなります。航空会社やホテルが直前値引きをして、座席や部屋を埋めようとすることも同じ理由です。

● **供給制約**

商品・サービスを作りこんだり提供する手間が少ないほど、販売量を増やしやすいといえます。

例えばソフトウェアは複製コストが少ないため、容易に増産ができます。さらには媒体を不要にすることができれば、供給制約が一層少なくなります。紙の本は品切れを起こすことがあっても、電子書籍では決してありません。最近、音楽や映像の定額配信ビジネスが増えていますが、これはインターネットで配信するために供給制約が少ないから成立するものです。CD・DVDレンタル業者が追随しようとしてもできません。

デリバリーに人材が介在する場合は、それが供給制約になります。Quiz8.2でいえば、予備校の供給制約は優秀な講師です。代々木ゼミナールが授業数を増やそうとすれば、どうしてもそれほど優秀ではない講師で妥協せざるを得ないでしょう[4]。一方の東進ハイスクールは、映像配信型です。林修先生レベルの名物講師の授業を、いつでもどの地域でも配信できます。人が介在するビジネスで販売量を目指すのであれば、ITの活用などで人の関与を少なくする方法を考えなければなりません。

● **ネットワーク外部性**

ネットワーク外部性とは第7章で説明した通りです。

1970年代から始まった家庭用VTR規格競争でのソニーの敗北は、この観点から説明されています。VHSとベータという2種類の規格が争っていましたが、ベータ規格のVTRで先行したソニーは価格を高めに設定したために、1980年代には日本ビクターやパナソニックなどのVHSメーカーにシェア獲得を許すことになってしまいました。その結果、ソフトウェア業界もVHS向けを優先するようになり、それもベー

タ敗北の一因になりました[5]。

パソコンのOSもネットワーク外部性が働きます。アプリケーション開発メーカーやデバイス開発メーカーは、シェアの高いOSとの相性を優先するからです。そのためマイクロソフトのウィンドウズ事業も、価格プレミアムよりも販売量を重視しているはずです。ネットワーク外部性が働く場合は、シェアは利益率につながります。

2 固定費型か変動費型か

2-1 固定費型と変動費型とのトレードオフ

2つ目のトレードオフは、費用構造をどうするかという問題です。なお、ここでの選択は完全なトレードオフではありません。外注を上手く使って、固定費と変動費のバランスをコントロールすることもできます。固定費型と変動費型の間のどこに位置づけるのかを考えなければなりません。

固定費型とは設備や人材などを内部に抱えるタイプであり、多くの場合は多額の初期投資がかかるものの、変動費はそれほどかかりません。例えば半導体事業を考えてください。半導体工場をつくるには何千億円もの投資が必要です。その減価償却費が、半導体の原価の多くを占めています。一方の変動費型は、アウトソースするタイプです。半導体事業で言えば、自社工場を持たずにファウンドリ[6]に製造委託するタイプです。

この2つには、それぞれ一長一短があります（図表8-2）。固定費型の場合は、損益分岐点売上高を上回った場合に、利益率が逓増します。売上見合いのコストがかからなくなるからです[7]。その反面、売上が下

[図表 8-2] 固定費型と変動費型

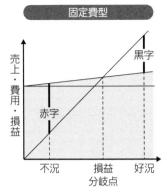
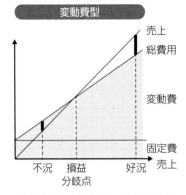

- 設備や人材を内部に抱え,内製中心。
- 損益分岐点が高く,売上規模が欠かせない。
- 損益分岐点を超えれば,大幅に利益率が改善するが,下回った場合は大きな赤字をもたらす。(ハイリスク・ハイリターン)

- 設備や人材を極力持たず,外注中心。
- 損益分岐点が低く,売上規模が少なくても存続できる。
- 損益分岐点を超えても,それほど利益率は改善するわけではないが,下回った場合の痛手も少ない。(ローリスク・ローリターン)

がった場合には,極端な赤字に陥ることになります。固定費を削減することは,短期的には難しいからです。すなわち,ハイリスク・ハイリターン型だといえます。

　一方の変動費型では,売上が落ち込んだとしても大きな赤字に陥ることはありません。かといって,売上が大幅に増えても利益率が極端に改善することもありません。つまり,ローリスク・ローリターン型といえます。

　Quiz8.3についていえば,半導体メーカーを含め日本の製造業では,バブル経済崩壊前までは,固定費型の費用構造でした。しかし,バブル崩壊で大きな痛手を被ったため,固定費の変動費化を進めました。部分的あるいはすべての工場を売却したり,また派遣社員を活用することで正社員を非正規社員化しました。日本に限らず,世界の半導体メーカーではファブレス化が進んでいます。例えばスマートフォン向けのCPU

で断トツのシェアを誇るクアルコムは，自社工場は一切持たずに，台湾のTSMCなどのファウンドリに製造委託しています。こうしたことで，シリコンサイクルの波を受けても経営が安定するようになってきました。

2-2 事業特性から考える

　固定費型か変動費型かの選択は，経営者のリスク志向の違いだけで語られるべきではありません。先に検討した，販売量か価格プレミアムかの選択結果の影響も受けます。販売量を目指す場合は，固定費型がふさわしいといえます。ただし，短絡的に考えることはできません。市場規模の大きさと需要の不確実性の2つが，大きく影響するからです。

●市場規模

　固定費型を選んだ場合は，損益分岐点売上高が高くなります。それゆえ，ある程度の市場規模が見込める場合でなければ選択できません。最近では，ニッチマーケットを狙ってスタイリッシュな家電を製作するベンチャー企業が増えていますが，それらはすべてファブレスです。工場を作ったとしても，固定費を回収できるだけの市場規模が見込めないからです。

●需要の不確実性

　需要の不確実性も重要な判断要素です。本書のケーススタディーでも説明した通り，アパレルメーカーの多くは"メーカー"と呼ばれながらも工場を持っていません。工場を作ったとしても，流行が変わってしまえばその工場で作れなくなることもあります。流行に応じて適切な縫製工場を選べるようにしているのです。その中で，メンズの定番を扱うアパレルメーカーでは，自社工場を持つところが多くあります。需要が安定しており，また大きな流行の変化がないからです。

　このように，予期せぬ需要変動が生じた場合，固定費型では対応が困

難です。機会を逸してしまったり，あるいは稼動損を発生させてしまいます。変動費型であれば，外注先をコントロールすることで柔軟に対応できます。先行きを見通すことができない場合や，需要の変動幅が大きい場合は，変動費型費用構造が適しています。

2-3　固定費負担を削減する

　昨今ではリスク回避志向が高まり，変動費型の企業が増えてきました。しかし，リスクのないところに，リターンはありません。ハイリスク・ハイリターンの固定費型を選択しつつデメリットを回避できれば，大きな利益が期待できます。そのためのいくつかの方法を説明します。

● **資産の多重利用**

　資産の用途を増やすことで，販売単位当たりの固定費負担額を減らすことができます。この方法は，無形資産と有形資産に分けて説明する必要があります。その違いは，資産を同時に利用できるか否かです。

　無形資産の場合は，同時に複数の用途に使うことができます。Quiz8.4で紹介したディズニーは，この効果を最大限に活用している企業の1つです。ピクサー，マーベル・スタジオ，そしてルーカス・フィルムなどを多額のプレミアム価格を上乗せして買収[8]したディズニーは，テーマパーク，ゲームソフトやグッズ販売，テレビ配信[9]やDVD化，ライセンス供与など，その映像資産やキャラクターがもたらす収益源を多様化しています。

　一方，有形資産の場合は，同時に複数への提供ができないという制約があります。例えば，飛行機の座席やホテルの客室は同時に複数客に提供することはできません。その場合は，アイドルタイムを他の用途で埋める方法を考えることになります。中古車販売業者が車が売れるまでの間にレンタカーとして貸し出したり，居酒屋が昼間にランチを提供したりするなどです。畑の二毛作と同じ発想です。

●格安プランによる顧客ベース拡大

　固定費に見合うだけの顧客数が見込めれば問題ないのですが，そうでなければなんとかして顧客数を増やさなければなりません。かといって，価格を引き下げて顧客数を増やそうとすれば，もともと高く買う意思がある人から得られたはずの利益が減ってしまいます。

　そのようなときに有効な方法が，差別価格の設定です。差別価格とは，顧客の支払意思額に応じて売価に差を付けることを表す経済学用語です。つまり，高く買う意思のある人には高く売り，安くなければ買わない人には安く売るということです。これを上手く利用しているのが，Quiz8.5で取り上げた航空業界です。価格の安いエコノミークラスではあまり儲からず，利益の多くはファーストクラスとビジネスクラスがもたらしているといってよいでしょう。だかといって，エコノミークラスが空席だらけのままで飛行機を飛ばしたら，いくらファーストクラスとビジネスクラスが満席でも赤字になってしまいます。エコノミークラスの乗客が負担してくれていた機体の減価償却費を，回収できなくなるからです。

　MVNO（仮想移動体通信サービス業者）も同じ効果があります。MVNOとは，NTTドコモなどの通信キャリアから回線を借りて音声・通信サービスを提供する業者のことで，格安スマホサービスと言った方が通じやすいかもしれません。NTTドコモにとってはスマホ市場を争う競合企業ですが，NTTドコモの回線の顧客ベースを拡大してくれている協力企業だと捉えることもできます。

　これらの事例から示唆されることは，固定費の負担だけでよいと割り切って，低価格で客数を増やすというやり方もあるということです。もちろん，商品やサービスの品質に大差なければ，プレミアム料金を支払っている本命の顧客が離反してしまいます。そのため，顧客が知覚できる品質差を付けることを忘れてはいけません。

●需要の平準化

　常に一定の需要が発生するわけではありません。繁忙期もあれば閑散期もあります。固定資産が供給量を決めるような事業では，繁忙期には機会ロスを起こしてしまい，閑散期には稼働損が発生してしまいます。

　こうしたことを避けるためには，需要の平準化に取り組まなければなりません。その1つの方法は，顧客にインセンティブを与えることで，繁忙期から閑散期に誘導することです。平日の利用が少ない観光業では，料金を割り引くことで平日利用を促しています。また，年賀状印刷の早割も同じです。年末に集中する印刷機の稼働を平準化するためです。割引をしたとしても，稼働損の減少によりトータルの利益は増えることになります。

　もう1つの方法は，利用時期の異なる顧客層でポートフォリオを組むというものです。例えばホテルであれば，平日のビジネス利用と休日の観光や冠婚葬祭利用の両方を取り込むことができれば，稼働損を減らせます。スキー場に隣接するホテルでは，夏場には学習塾の合宿を受け入れているところも多く見られます。また，Quiz8.6のコメダ珈琲には，午前は高齢者，昼頃には子供連れの主婦，午後は仕事途中の会社員，そして夕方は勉強をする学生が訪れます[10]。こうした多様な顧客層が，アイドルタイムの削減に寄与しているのです。

●回転率の向上

　資産の使用頻度を増やすことで，より少ない固定的投資で済ますことができます。工場での二交替制や三交替制は，資産回転率を2倍，3倍に増やします。飛行場に到達してから15分という短時間で再び飛び立っていく航空会社も，機体の稼働率向上につながります。より多く稼働させる工夫をすることで，設備や機体を減らすことができているのです。

　俺のフレンチや俺のイタリアン等を運営する「俺の」という会社があります。俺のシリーズの飲食店は，高級レストランと同質のメニューを

低価格で提供することで急拡大しています。その秘訣の1つが回転率の高さです。

通常の飲食店の費用構造は，概ね材料費が3～4割，店舗の減価償却費もしくは家賃が2割，残りが人件費や経費そして利益だといわれています。一方，俺の株式会社では材料費に5～6割もかけています[11]。高級材料を使ってでも利益を出すために様々な工夫と経費削減をしていますが，インパクトが大きいのが固定費の削減です。フレンチやイタリアンレストランでは1日1回転程度が多く，高級レストランであれば空席もあるので1回転に届かないところも多いでしょう。その中で俺のシリーズは，2.5回転から3.5回転です。立食形式にすることで回転率を高め，実質的な店舗投資を3分の1にしているのです。

第8章 まとめ

☐ 事業を運営するに当たっては，利益構造上の2つの選択をしなければならない。1つは販売量か価格プレミアムかの選択であり，基本的にはトレードオフである。もう1つは費用構造の選択であり，固定費型と変動費型の間のどの地点に位置付けるのかを考える。

☐ 販売量を増やし，価格プレミアムも追求するというのが理想であるが，戦略策定ではスタンスを決めなければならない。この選択には市場戦略も関係し，コスト・リーダーシップには販売量が，差別化には価格プレミアムが適している。

☐ また，販売量を追求しやすい事業特性もある。価格弾力性の高さ，固定費比率の高さ，供給制約の少なさ，ネットワーク外部性の存在などである。

☐ 固定費型費用構造とは設備や人材を内部に抱え込むタイプであり，損益分岐点を上回れば利益率が逓増し，下回れば大きな赤字に見舞われる。つまり，ハイリスク・ハイリターンだといえる。変動費型はその逆であり，相対的にローリスク・ローリターンである。

☐ ファブレス企業という言葉の存在が示すように，最近では固定費型が避けられる傾向にある。ただし，市場規模が大きく，需要の不確実性が少ない場合は，固定費型を選択することのメリットは大きい。

【注】

1 トヨタ自動車株式会社ニュースリリース 2013 年 9 月 15 日。
2 『Forbes』2015 年 10 月 26 日電子版。
3 2012 年にポルシェがフォルクスワーゲン・グループの完全子会社となったため，同グループの財務諸表にて，同一条件での財務成果の比較ができる。
4 代々木ゼミナールも関連事業として映像配信授業を実施している。ただし，主力事業は教室での対面式講義である。
5 David Besanko, David Dranove and Mark Shanley (2000) *Economics of Strategy, 2nd Edition*, John Wiley & Sons. [奥村昭博，大林厚臣監訳（2002）『戦略の経済学』ダイヤモンド社。]
6 半導体の製造のみを専門に行う企業。発注元である半導体メーカーの設計データにもとづいて製造する。
7 固定費の多くが技術やソフトウェアなどの無形資産（つまり研究開発費の償却）であればその通りだが，人や設備などの有形資産が固定費である場合はその効果には限りがある。稼働率が 100％に近づいたら追加投資をしなければならない。しかも，小刻みな追加投資ができない場合は，一時的に大きな稼働損が発生してしまう。
8 これも固定資産である。買収先企業の時価純資産と取得価格との差額は，無形資産として資産計上される。なおその内訳は，ブランドや顧客資産，ソフトウェアなどである。
9 ディズニーは，米国三大ネットワークの 1 つである ABC やディズニーチャンネルなどの放送局を持っている。テーマパークのイメージが強いが，メディア事業の売上構成が最も大きい。
10 ターゲット顧客は，年齢や性別，職業などの属性という切り口で検討することが一般的だが，利用シーンを軸にした検討方法もある。コメダ珈琲では，「くつろぐ」というシーンをターゲットにしていると思われる。
11 俺の株式会社ホームページより。

第9章
マネタイズ方法の検討

利益モデルの最後は，最近になって話題に上がることの多いマネタイズ方法です。商品・サービスを提供したら，その対価を，その相手から，その時点で受け取るのが通常ですが，少しの工夫で利益を増やせる場合があります。本章では，そのパターンを説明します。

Quiz

● Quiz9.1　マネタイズ方法の分類

以下の選択肢は，通常のお金のもらい方（商品・サービスの提供先からその対価をもらう）とは少し異なる方法を用いています。類似の方法のものをグルーピングし，各グループの特徴を簡潔に説明してください。なお，複数のグループに入るものもあります。

- テレビ番組
- カーシェアリング
- オリンパスの内視鏡
- ドロップボックス（DropBox）
- ヘッドハンティング
- インターネット広告（クリック連動型）
- 格安海外旅行（半日観光付き）
- 替え刃式髭剃り
- 無料で音楽を配信するアーティスト
- スーパーの玉子の特売
- インクジェットプリンタ
- 病院
- エレベータ
- グリーのゲーム"釣り★スタ"
- クラウド・コンピューティング
- タクシー会社所属の運転手
- プロ野球選手の年棒（実力を正しく認めてもらえていない）
- 1,500円のインフルエンザ予防接種

本文を読む前に，以下のQuizを考えてください．

● Quiz9.2　製造装置の営業

　あなたは，製造ラインに後付して使うある装置の営業戦略を任されているとします．その装置を使うことでトラブルの復旧が確実に早くなります．投資効果も高いはずです．しかし顧客としては，どの程度使うことになるのかがわからず，また装置自体が高価なものなので，なかなか導入してくれません．それでも何とかして導入してもらわなければなりません．あなたなら，どうしますか．

● Quiz9.3　業務改善コンサルタント

　あなたは，業務改善コンサルタントだとします．個人で事業をやっているため，所属企業の信用力で仕事を取ることができません．業務を改善できる自信はあるのですが，なかなか信用してもらえません．効果が出るか判断できないものを発注することはできないと，断られることがほとんどでした．それでもなんとかして仕事をとらなければなりません．あなたなら，どうしますか．

● Quiz9.4　高級ランドセルの営業担当

　あなたは，高級ランドセルの営業担当だとします．ランドセルを購入する若い夫婦は，まだそれほど高い給料をもらっていません．さらに子育ての支出が多く，とても高級ランドセルを買う余裕はありません．それでも何とかして売らなければなりません．あなたなら，どうしますか．

商品・サービスを提供したならば，その対価を，その相手からその時点で受け取るのが普通です。しかし状況によっては，ちょっとした工夫で，平均以上の利益を稼ぐことができます。その方法は，"マネタイズ"と呼ばれています。
　マネタイズには様々な方法があります。ここでは便宜上，以下の6種類のパターンに分類して説明します[1]。みなさまの事業で活用できるパターンがないかを考えながらお読みください。

＜マネタイズのパターン＞
- "利用"に対して対価を受け取る
- "成果"に対して対価を受け取る
- "他の人"から対価を受け取る
- "関連商品"で補填する
- "アフター・消耗品"で補填する
- "アップグレード"で補填する

1　"利用"に対して対価を受け取る

　商品やサービスを購入してもらうのではなく，使用した分の対価をもらうパターンがあります（図表9-1）。
　例えば，オリンパスの内視鏡です。内視鏡が販売された当初に，オリンパスの開発者から話を聞く機会があったのですが，その価格の高さからなかなか病院に購入してもらえないと言っていました。当時は病院も，どのくらい使うことになるのかが見当がつかなかったこともあります。その話を聞いた数日後の新聞には，検査件数に応じた課金制度を導入する記事が載っていました。オリンパスにとっても，まずは導入してもらうことが重要だったのです。導入さえしてもらえれば，利用してもらう

自信があったのです。

　同じように，Quiz9.2の装置の営業戦略でも，利用件数に応じて課金する方法が考えられます。相手にとっても設備予算を申請するというわずらわしさがなくなります。そして，生産性が高まるのであれば，必ず使用するでしょう。

　高価な商品や使用頻度を見積もれない商品は，購入する際の心理的ハードルが高くなります。導入したものの本当に利用するのかという不安が付きまとい，また社内の稟議でも投資効果を綿密に計算しなければ決済が下りません。しかし，利用した分だけの費用を払うのであれば，余計な心配はなくなります。心理的ハードルを引き下げてくれるのです。

● その他の事例

　ゼロックスのコピー機も有名な例です。コピー機自体で儲けるのではなく，プリント枚数で課金しています。

　また，カーシェアリングは，自動車を購入してもらうのではなく，利用時間や利用距離に応じて課金しています。クラウド・コンピューティングも同じです。クラウド・コンピューティングとは，ITインフラやデータベースサービス，データ分析環境などをインターネット経由で提供するサービスのことで，ユーザーは多額のIT投資をせずに，最新のIT環境を利用することができます。利用した分だけ費用を払えばよく，高価なITシステムを導入する必要がなくなったことから，ユーザーの

[図表9-1] 課金モデル

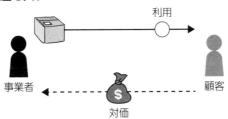

裾野が広がりました。

2 "成果"に対して対価を受け取る

　商品やサービスに定価を付けるのではなく，実際のパフォーマンスに対して支払ってもらう方法もあります。いわゆる成功報酬です（図表9-2）。

　あなたはプロ野球球団のオーナーだとします。前年度まで活躍したある有力選手が，そろそろ年齢的に厳しくなってきました。選手本人は活躍する自信があるというのですが，その保証はありません。だからといって年棒を下げれば他の球団に引き抜かれてしまうかもしれません。オーナーとしては前年と同額で契約すべきでしょうか，それとも年棒を減らすべきでしょうか。こうした状況で用いられる方法が，出来高払いです。その選手が期待通りの活躍できなかった場合でも，オーナーは年棒を払い過ぎることはありません。一方の選手側にしてみれば，活躍しただけ多くのお金を手にすることができます。つまり，利害を一致させることができるのです。

　この方法は，企業でも使われています。ストックオプションです。

[図表9-2]　成功報酬モデル

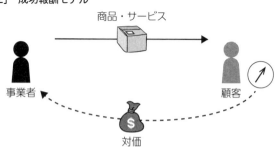

オーナー（株主）の目が行き届かないことをいいことに，経営者が怠けたり，自分の利益のみを追求したりしてしまうこともあるかもしれません。だからといって契約報酬を減らせば，有能な経営者が来てくれません。ストックオプションが，両者の利害を一致させているのです[2]。

このように成功報酬は，事前に品質や成果を判断できない場合に役立ちます。Quiz9.3でも，業務改善の効果を出す自信があるのなら，成功報酬にすればよいのです。もし効果が出なければ相手は費用を支払う必要はないので，相手としても断る理由はなくなるでしょう。

● **その他の事例**

タクシー運転手は基本的に歩合給で，売上の6～7割が収入になるといいます。タクシー会社にとっては，もしその運転手が怠けたとしても，多過ぎる固定給を支払うことを免れます。一方，腕のある運転手であれば，固定給よりも実力に見合った収入を得ることができます。

ヘッドハンティング業界やインターネット広告業界でも，成功報酬が用いられています。ヘッドハンティング業界では，転職者の年収の4～6割が手数料だといわれています。転職が上手くいかなければ，どんなにアドバイスをしたとしてもお金がもらえません。

広告業界では，以前は成果を測ることは不可能に近かったのですが，インターネット広告になってからはクリック数で測ることができるようになりました。そのため，成功報酬型が一般化しています。

3 "他の人"から対価を受け取る

商品やサービスを提供した相手ではなく，それ以外の第三者に支払ってもらう方法もあります。このようなモデルは，三者間市場と呼ばれています[3]（図表9-3）。

マネタイズ方法の検討 **第9章** 207

WOWOWやNHKなどは別として，視聴者はテレビ番組にお金を払っていません。ではテレビ局はどうやって番組制作費を捻出しているかというと，テレビ広告のスポンサー料で賄っています。別の例では，格安のパッケージ旅行です。利用したことがある方ならわかるでしょうが，やたらと土産物屋に連れていかれます。旅行会社は，土産物屋からバックマージンをもらっているのです。

　このように，必ずしも商品・サービスを提供した相手からお金をもらう必要はないのです。第2章の中で説明した「市場環境」の1つに，相手の支払い余力がありました。相手が支払えないのであれば，代わりに支払ってくれる主体を探せばよいのです。Quiz9.4のケースでは，子供の親に高級ランドセルを購入する余裕がなければ，その子供の祖父母に売り込めばよいのです。

● その他の事例

　病院は，治療費の全額を本人からもらうのではなく，保険者（全国健康保険協会もしくは健康保険組合）からもらっています。またヘッドハンティング業者は，転職者からはお金をもらわずに，その分も含めて，転職者を受け入れた企業からお金をもらっています。

[図表9-3]　三者間市場モデル

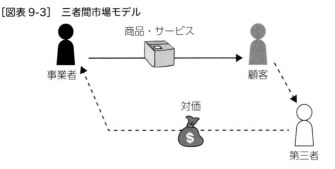

4 "関連商品"で補填する

　残りの3種類は、いわば損して得する方法です。初めは損をして購入を促し、後から何らかの方法で得をするというものです。つまり、どこかで補填してもらっているのです（図表9-4）。この補填の源泉は、3種類あります。

　先日、インフルエンザの予防接種を受けたのですが、その価格は驚くことに1,500円でした。通常は4,000円前後が相場です。病院関係の知人に聞いたところ、ほぼ原価だと言っていました。なぜその値段でできるのかというと、まずオペレーションの徹底した効率化です。ベルトコンベアーの上に乗せられているような感じでした（これが主題ではないのでこれ以上の詳しい説明は割愛します）。そしてもう1つの理由は、その病院の主力商品は、美容や健康のための注射だったのです。インフルエンザ予防接種を格安にすることで来院を促し、美容・健康注射に誘導することで利益を上げていたのです。

　この方法は、スーパーの玉子の特売と同じです。玉子自体では赤字で

[図表9-4] 補填モデル

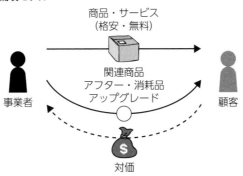

すが，それはプロモーションコストと割り切り，ついでに購入してもらう商品で儲けているのです。

● その他の事例

このモデルは，次の2つの商品特性があるときには検討すべきです。

1つは，補完性が高い商品です。任天堂のゲーム機はソフトウェアとセットでなければ価値を生み出さないので，この2つは非常に補完性が高いといえます。ゲーム機が売れれば，自然とソフトウェアの販売も伸びます。それゆえ，ゲーム機本体の価格を安く抑えているのです。

もう1つは，商品・サービスの対価を得にくくなった場合です。最近でいえば，音楽や映像です。ウィニー（Winny）などのファイル交換ソフトやユーチューブ（YouTube）などの動画共有サービスの普及により，お金を出して音楽や動画を買ってもらえなくなってきました。経済学者は，このような状況が続けば創作活動をする人がいなくなると警鐘を鳴らしていましたが，アーティストははるかにたくましかったです。音楽や動画は無料で配信し，コンサートやグッズ販売，あるいは高音質・高画質のソフトで儲ける方法に転じたのです。

5 "アフター・消耗品"で補塡する

関連商品よりも確実に抱き合わせ販売ができるのが，アフターサポートや消耗品です。元となる商品を購入さえしてもらえれば，継続的に収入を得られます。ジレットという会社が，髭剃りを安く販売して替え刃で儲けたため，ジレットモデルともいわれています。また，元となる商品を顧客に組み込んでしまうことから，インストールベースともいわれます。

● その他の事例

インクジェットプリンタは，インクで儲けています。また，エレベーターメーカーは，メンテナンスも大きな収益源になっています。

最近でいえば，ウォーターサーバーを安くレンタルしてミネラルウォーターで儲けるモデルや，コーヒーマシンを無料で設置してコーヒーカートリッジで稼ぐモデルも，このカテゴリーに分類できます。

6 "アップグレード"で補塡する

入り口の敷居を低くする方法です。初めは無料（フリー）で，アップグレードした場合にプレミアム価格を課すことから，フリーミアムという造語が付けられています。

インターネット経由のアプリケーションソフトには，このモデルが多く見られます。例えば，ファイル保存サービスのドロップボックスやエバーノート（Evernote）は，保存容量が少ないうちは無料です。しかし，一定以上の容量を保存しようとすると，有料になります。ファイルの量は，増えることはあっても減ることはありません。カメラ付きのスマートフォンの普及で，高画質の写真の保存も増えます。そのため，いつかは有料サービスに移行せざるを得ないときが来ます。アプリ業者は，そのときが来るのを待っているのです。

ウェザーニュースやクックパッドなどの情報提供サービスも，基本的な情報は無料ですが，より役立つ情報は有料会員にならなければ得られません。また無料のゲームでは，より楽しむために有料のツールが必要になるものがあります。恐らく先駆けともいえるゲームが，グリーの"釣り★スタ"ではないでしょうか。手強い魚や大物の魚は，有料の竿や餌などを使わなければ釣り上げることはできません。

一説によれば，5%の有料会員が95%の無料会員を支えているとい

います[5]。それができるのは，無料の95%に提供するサービスのコストが，限りなく少ないことが条件になります。ドロップボックス等のファイル保存サービスでいえば，ムーアの法則の恩恵でストレージ（データの記憶装置）のコストが下がり続けているからできることです。また，ウェザーニュースなどの情報提供サービスでは，95%のために新たな情報を用意する必要はありません。

● **その他の事例**

フリーミアムなどという洒落た用語が付けられているものの，昔からあるモデルです。食品や化粧品の無料サンプルもそうですし，無料の講演会を実施してコンサルティングサービスにつなげるモデルも，フリーミアムです。

第9章 まとめ

- [ ] 商品・サービスを提供したら，その対価を，その相手から，その時点で受け取るのが通常だが，少しの工夫で利益を増やせる場合がある。その方法は，マネタイズと呼ばれている。

- [ ] 商品・サービスを販売するのではなく，利用ごとに課金する方法もある。高価なものや利用頻度がわからない場合に，購入の心理的ハードルを引き下げる効果がある。

- [ ] 商品・サービスを販売するのではなく，効果があった場合に，その効果に見合う対価をもらう方法がある。いわゆる成功報酬型である。事前に品質や効果を判断できない場合に使われることが多い。

- [ ] 商品・サービスを提供した相手以外の人から，対価を受け取る方法もある。三者間市場と呼ばれる。ニーズはあるものの，相手に支払い余力がない場合は，この方法を検討する価値がある。

- [ ] 始めは損をして購入を促し，後から何らかの方法で補填する方法もある。そして補填手段には，関連商品やアフター・消耗品の販売，アップグレードなどがある。

- [ ] 補完性の高い関連商品がある場合は，一方を安価にして，もう一方で回収する方法を取れる。アフター・消耗品であれば，より回収が確実である。アップグレードでの補填は，プレミアム商品への移行確率が高いことと，無料ユーザー向けのコストが低いことが条件である。

【注】

1 本分類は一般的に認められたものではなく,著者によるものである。
2 これは,プリンシパル=エージェンシー理論で説明されている。この理論では,プリンシパル(依頼人)が,自らの利益を目的として他者(代理人)にその業務遂行を委任したときに生じる問題を扱っている。その問題の1つは,エージェントがプリンシパルの利益に反して自分の利益を優先した行動をとってしまうことである。これをモラル・ハザードという。そしてその問題を解決する方法の1つが,インセンティブ契約(本書では成功報酬)である。
3 Chris Anderson (2009) *Free: Future of a radical price*, Hyperion. [高橋則明訳 (2009)『フリー:無料からお金を生み出す新戦略』NHK出版。]
4 例えばビタミン注射やプラセンタ注射,にんにく注射など。
5 Anderson 前掲書。

ケーススタディ：生地商社（4）　利益モデルの検討

　素材提案や納入頻度の高さで差別化するという市場戦略に続き，あなたは次のような競争・協調戦略を策定した。

- 「糸メーカーおよび武田商会の生地事業との連携による機能性生地の開発」，「フローリアの生産部門と連携したトータルコーディネート提案」，「生地のブランディングによるエンドユーザーへの訴求」に取り組む。

　ここまで検討した戦略でもそれなりの成果は上がるだろう。しかし手を緩めることなく，さらなる収益性向上のための手を検討することにした。

●設　問

　あなたは，効果的に利益を上げるための利益モデルを検討することにした。検討事項は以下の3つである。

1. 販売量と粗利率の関係をどうするか。粗利率を抑えて販売量を増やすべきか，販売量は減ってでも粗利率を高くするか。
2. 固定費型の費用構造にするか。つまり，縫製工場や人材を内部化するか，それとも外部化することで変動費型の費用構造にするか。
3. "フローリアに商品を供給し，その対価をもらう"とは異なる取引方法を用いることで，収益性を高めることはできないか。

　設問1と2については，どちらかを選択するとともに，その理由を述べていただきたい。設問3は，複数のアイデアを出した後に優先順位付けをすること。

解説

ケースの目的

ケーススタディ（4）は，第8章で説明した利益構造とその背景となる事業特性を理解することと，第9章のマネタイズ方法のパターンを理解することが目的です。

利益構造については，単にスタンスを選択するだけでなく，根拠となる事業特性を考えるケースを意図しました。マネタイズ方法の検討では，6つのパターンすべてに当てはめて検討することが望まれます。

ケースの解説
▶設問1：販売量か粗利率か

販売量よりも粗利率（価格プレミアム）を選択すべきでしょう。理由は2つあります。

1つ目の理由は，ケーススタディ（1）で分析したように，市場規模が大きくないことです。フローリア向けだけでは販売量は限られています。しかも年8回も商品の入れ替えがあるということは，SKU（最小管理単位）当たりの販売量は，さらに少なくなってしまいます。他のチャネルにも流すことで販売量を増やす方法もありますが，フローリアは反発するでしょう。

2つ目の理由は，フローリアの戦略です。同ブランドの品質基準は厳しく，また価格よりも付加価値提案で訴求しようとしています。納入価格を引き下げたところで，購入量が増えることはありえません。

▶設問2：固定費型か変動費型か

この設問は，フローリア向けの製品事業だけではなく，武田商会の製品事業全体で考えるべきです。

市場規模と需要の不確実性の2点から考えると，基本的には変動費型費用構造が適しているといえるでしょう。フローリア向けだけでは確かに市場規模は小さいですが，武田商会の製品事業全体で見れば中期的に

はそれなりの規模を見込めます。市場規模という判断基準だけで考えれば，固定費型の選択もあり得るでしょう。しかし，需要が不確実だという大きな難点があります。もちろん，フローリア向け事業に限れば比較的需要が安定していますが，その事業だけで結論を出すことはできません。

▶設問3：マネタイズ方法

画期的な方法は考えられないかもしれません。1つのアイデアとして，補填モデルがあります。フローリア向けに低価格帯と高価格帯の商品を供給します。低価格帯はエントリー商品と位置づけて割安にして，よりデザイン性の高い高価格帯に誘導するというものです。

やや現実性は薄れますが，もう少し複雑なスキームも考えられます。社会人になりたてのOL向けの姉妹ブランドをつくって他のチャネルで安く販売し，着心地の良さを実感してもらいます。そして，その顧客の給料が上がり，またより高付加価値なものが欲しくなった頃に，フローリアに誘導するという方法です。

こうした方法は，武田商会の素材から離れられないと思わせられるかどうかにかかっており，成功するかどうかは未知数です。

ビジネスシステム

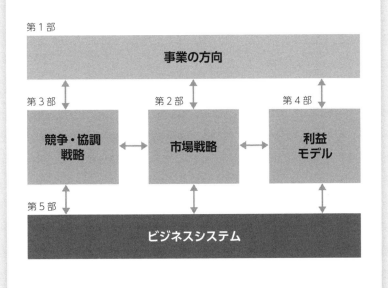

第10章
ビジネスシステムの設計

戦略は実現されて初めて利益に結び付きます。そこで本章では，企業内部の仕組みに視線を移します。戦略を実現するためには，差別化要素を軸とした，社内各業務と外部パートナーの整合が求められます。そうしたビジネスシステムの設計方法を説明します。

Quiz

● Quiz10.1　村田製作所とローム

　電子部品メーカーの村田製作所とロームは，ともに非常に高い収益性を誇っています。しかし，企業内部のシステムは大きく異なっています。ロームは製造を外部に委託することに積極的であるのに対し，村田製作所は基本的に自社工場で製造し，製造設備も自社開発しています。村田製作所がロームのように外部に製造委託した場合に，どのような問題が生じるでしょうか。村田製作所が先端部品で，ロームが部品のカスタマイズで差別化しているという違いから，考えてください。

● Quiz10.2　アスクルのコールセンター

　オフィス用品の通信販売を手掛けるアスクルは，コールセンターが会社の中心に配置されています。コールセンターを外注に丸投げする企業も多い中で，アスクルはコールセンターを中核業務として捉えているのです。なぜでしょうか。アマゾンとの差別化戦略の違いからひも解いてください。

● Quiz10.3　新聞と雑誌の発行元

　新聞や雑誌を発行するには，印刷機が必要です。ところが，新聞の発行元は印刷機を所有して内部で印刷しているのに対し，週刊誌の発行元には印刷機を持たず，印刷を外注しているところも多いそうです。なぜ，このような違いが生じるのでしょうか。

本文を読む前に，以下のQuizを考えてください．

● Quiz10.4　ボーイングと東レ

　2006年に，ボーイングは機体に使用する炭素繊維の供給メーカーを東レに決めました。ただしいくつかの条件があり，その1つは米国にも生産拠点を設けることでした。しかし，米国に炭素繊維工場を設立した途端に，東レの交渉力は弱くなります。ボーイング以外に炭素繊維を大量調達する企業はないため，ボーイングが値下げを要求したら呑まざるを得なくなってしまうからです。最終的に東レは米国に工場を設立することになったのですが，何がその決断を促したのでしょうか。

● Quiz10.5　鮮魚チェーン

　鮮魚を扱う業界では廃棄率が重要な経営指標であり，また鮮度の良さ，魚類の豊富さ，価格の安さが重要な顧客価値です。廃棄率を下げ，かつ3つの顧客価値を実現するための業務の組み合わせを考え，線で結んでください。

商品		業務		
商品アイテム	商品ライン	仕入れ	販売	
定番品を中心に，各商品を適正量揃える	切り身や刺身に特化	水揚げされた鮮魚を見て，バイヤーが独断で決める	対面販売。販売員がいろいろと説明をする	知識はないが，コストが安いパート・アルバイトによるオペレーション
定番品にこだわらず，商品を揃える	寿司，惣菜なども揃える	売れ行き状況をもとに，各店舗がバイヤーに指示する	セルフ販売。お客様に自由に取ってもらう	コストは高いが，知識が豊富な社員によるオペレーション

ビジネスシステムの設計　第10章　223

第9章までは対外的な戦略を説明してきました。しかし，それだけでは所詮，絵に描いた餅です。具現化するためには，その戦略を実現するための企業内部の仕組みが必要です。本章では，そのためのビジネスシステムの設計方法を説明します。

　システムとは，個々の要素が有機的に組み合わされた全体のことをいいます。ビジネスシステムにおける個々の要素とは，業務や機能です。これらが整合していなければなりません。そしてこのビジネスシステムは，次の手順に沿って設計するとよいでしょう[1]。

＜ビジネスシステムの設計手順＞
ステップ1：内部化・外部化の検討
ステップ2：業務特徴の選択
ステップ3：外注先との取引スタンスの検討
ステップ4：業務間フィットの検討

1 内部化・外部化の検討

　企業内部には様々な業務があります。研究，開発，製造，マーケティング，営業，出荷物流，アフターサポートなどの基幹的な業務だけでなく，購買や経理，人事など多くの業務が組み合わさって，顧客価値が生み出されます。それらの業務すべてを，自社だけで担うことは現実的ではありません。外部の企業を上手く使いながら進めていくことになります。

　そこで重要となるのが，業務の切り分けです。何を内部で手掛け，何を外部に任せるのかを決めなければなりません。そしてその選定には，次の4種類の基準が役立ちます[2]。なお，第8章で変動費型を選択した場合は，固定的投資が必要な業務は外部に委託すべきことも，付け加えておきます。

＜内外作検討の4つの基準＞
- 効率：どっちが効率的にできるか
- 効果：その業務は差別化の源泉か
- 整合：中核となる業務と整合するか
- 学習：将来のために手掛ける価値はないか

そして，内外作の切り分けが完了したら，図表10-1のように整理するとよいでしょう。

みなさんの事業の業務を整理した上で，何を内部で手掛けるべきか，また何を外部に委託すべきかを改めて考えながら，お読みください。

[図表10-1] ビジネスシステムの表現方法

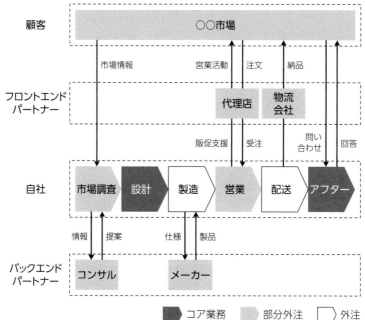

1-1 "効率"から考える

　理屈は非常に簡単です。社内と社外のどちらの方が効率的にできるかどうかという基準です。

　ちなみに、このような意見を述べる人もいます。「社外に出していた業務を内部化すれば、その外部企業が上げていた利益を取り込むことができ、利益を増やせる。」これは明らかに間違った判断です。社内で手掛けるためには、設備投資も必要だし、人件費や経費もかかります。利益額は増えることがあったとしても、売上高利益率や資本利益率はせいぜい同等か、むしろ悪化することもあります。もっと理詰めで考えなければなりません。

●外部化のメリット

　外部企業に委託した方が効率的だという理由は、主に2つあります[3]。

　1つ目は、その外部企業が多くの顧客と取引をしていることによる効果です。もしその外部企業が様々な顧客との取引をしていれば、多くの経験をできていることから業務スキルも高く、また規模の経済性も享受している可能性が高いでしょう。

　2つ目は、競争にさらされていることです。安定的に業務が依頼される内部顧客向けに比べて、いつ取引を停止されるかわからない外部顧客を相手にしている方が、効率化努力をしている可能性が高いでしょう。

　なお、こうしたメリットを享受する前提として、他の社内業務との相互依存性が低くなければならないことも、付け加えておきます[4]。

●内部化のメリット

　その一方で、社内で手掛けた方が効率的だという場合もあります。それを読み解く重要な概念が、"取引コスト"です。取引コストとは、企業内部での取引では発生しないが、外部との取引では発生するコスト費用のことです。ノーベル経済学賞を受賞したロナルド・コースが提唱

し[5]，同じく同賞受賞者のオリバー・ウィリアムソンが発展させました。

ここでいうコストとは，金銭的なものに限られません。以下のような手間暇や時間なども含まれます。

＜取引コストの例＞
- 取引先に関する情報収集のコスト
- 契約内容を確定するためのコスト
- 契約を確実に履行させるためのコスト
- 情報漏えいを防止するためのコスト

もちろん，この取引コストの大きさは，事業特性にもよります。Quiz10.1の村田製作所とロームの比較を通じて説明します[6]。

この2社の戦略は大きく異なります。ロームの差別化要素は"カスタム"です。つまり，顧客の要求に応じて部品を設計・製造することで，顧客が意図したセット製品の具現化を支援するというものです。一方，村田製作所の差別化要素は"新製品投入スピード"です。最先端の技術を応用した部品をいち早く開発・供給することで，顧客の新製品開発を支援しています。

新製品投入スピードを速めるために，村田製作所では材料開発，製品開発，生産技術開発を同時並行で進めています。もし外部に生産を委託したらどうなるでしょうか。材料や製品の開発状況によって使用する生産技術や生産ラインの変更も余儀なくされるため，契約内容を確定する手間は膨大になります。というよりも，その段階で確定することはできないでしょう。仮に確定できたとしても，もう1つ危惧されることは情報漏えいです。開発したばかりの最先端技術が，製造委託先経由で競合企業に漏れてしまう恐れもあります。このように，村田製作所にとっては，企業内部の取引では発生しないけれども外部に委託しようとした場合に発生するコストが，とても大きいのです。

一方のロームの競争力の源泉は，最先端技術ではありません。枯れた

技術を組み合わせて賢く設計することです。既知の技術であれば不確定要素も少ないため，製造委託先との契約でも多くの労力を必要としません。また，技術流出を恐れる必要もありません。そのため，ロームの方が，外部に製造委託をしやすいのです。

1-2 "効果"から考える

　事業の目的は，コスト削減ではなく利益です。多少コストが高かったとしても，それによってより多くの売上を得ることができれば，そちらを選択すべきです。そこで登場する観点が，効果です。差別化要素を生み出すために重要な業務は，たとえコストがかかったとしても内部で手がけるべきです。

　Quiz10.2で説明します。アスクルの差別化要素は様々あります。アスクルという名前にもなっているように，納品スピードを思い浮かべる人も多いでしょう。それ以外にもあります。アマゾンと比較した場合に浮かび上がってくる差別化要素は，自社開発商品です。アマゾンが商品開発をしていないのに対し，アスクルは商品開発をしています。そして，商品の開発や改良には顧客の声が必要です。そのこともあり，アスクルではコールセンターを重要な業務として位置づけて，企業内部で手掛けているのです。アスクルのコールセンターは注文を受け付けるものではありません。顧客の声を収集するためのものなのです。

　この効果と効率という基準が，内外作の検討において最も重要です。差別化を生み出す業務は内部で手掛け，それ以外の業務はコストが低い方を選択するというのが，基本的な判断基準となります。

1-3 "整合"から考える

　それ以外にもいくつかの判断基準があります。その１つは，主要業務との整合性です。業務プロセスは一連の流れになっています。主要業務

と何らかの不整合がある場合には，様々なロスが生じてしまいます．

●最適生産量やタイミングの違い

自動車製造に使われる主要材料は，鋼板です．しかし，どの自動車メーカーも鋼板を内製化していません．これは，自動車と製鉄との最適生産量とが違うからです．自動車メーカー1社の需要を満たすだけの規模では，製鉄の生産性が低くなってしまいます．

タイミングの違いも，内部化を妨げます．例えばQuiz10.3で紹介した新聞と雑誌のケースです．新聞の発行元は印刷機を所有して内部で印刷しているのに対し，週刊誌の発行元の多くは印刷を外注しています．これは，発刊頻度が影響しています．週刊誌は週に1回しか発行されませんが，印刷機は毎日稼働させなければ稼働損が生じてしまいます[7]．複数の雑誌でポートフォリオを組めれば別ですが，そうできない場合は印刷を外注する方が得策です．

このように，最適な生産量，タイミングや頻度が一致しない場合は，外部企業を活用した調整が有効です．

●最適マネジメント方法の違い

東映や東邦などの映画会社では，昔はタレントのプロダクション部門があったそうです．今では，その部門を内部化している映画会社はほとんどありません．これは映画製作のマネジメント方法とタレントのマネジメント方法が著しく異なるからです[8]．

アップルは自社工場を持たずに台湾のフォックスコン（Foxconn）などに製造委託をしていますが，これも同様の理由で考えることができます．アップルにはフォックスコンと同レベルの工場を作る能力はあるはずです．製造設備の選定や，厳格な工場監査を自ら手掛けていることからも，そう考えられます．しかし，中国全土から莫大な数の労働力を集め，彼ら彼女らに組み立てに専心させるような労務管理はできないでしょう．また，そのような管理技法で長けたいとも思っていないでしょ

う。クリエイティブなエンジニアに活躍してもらうためのマネジメント方法とは相容れないからです。

マネジメント方法が大きく異なる業務を手掛けることは内部的な混乱につながるため、外部委託を検討した方がよいでしょう。

1-4 "学習"から考える

内外作を決める最後の基準は、組織能力の蓄積につながるかどうかです。業務には顧客価値を生み出すという目的以外に、社員や組織の能力開発という側面もあります。コストはかかったとしても、それを補って余りある能力開発効果が見込めるのであれば、内部で経験するべきだという判断ができます。

1955年の話です。トランジスタを使った画期的なラジオを商品化したソニーに、米国の時計メーカーから、ソニーの言い値で10万台もの注文が入りました。しかし、その条件はOEM供給、つまり相手先ブランドでの販売でした。交渉にあたっていた創設者の盛田昭夫氏が、その場で断ったことは有名な話です[9]。米国での認知度がなかったソニーよりも、その時計メーカーが販売した方が容易に売れたはずです。しかしソニーは米国市場への足がかりを築くために、マーケティング・販売活動を自ら手掛けることにこだわったのです。

また村田製作所は、当初は部品材料のセラミックを外部から調達していたのですが、品質が不安定なことに悩まされていました。セラミックが製品品質を決めるため、同社は自社で原料を調達し、自社で調合することを決断したのです。その後は、セラミックを焼く温度や時間、手順などの製法が蓄積され、これがブラックボックス化されたことで、模倣困難性が高まることにつながりました。

このように、多くの企業がその後の発展のために、業務領域を広げています。ただし、一方で業務が肥大化することにも注意しなければなりません。

2 業務特徴の選択

　顧客への提供価値にトレードオフがあったように，業務にもトレードオフがあります。業務の達成基準や遂行方法には相反するものがあり，どちらかを選択しなければならない場合があります。先ほど説明した村田製作所とロームを比較すればわかりやすいでしょう。**図表 10-2** のように，両社では各業務の特徴は正反対です。

[図表 10-2]　村田製作所とロームの業務比較

		村田製作所	ローム
製品市場戦略	製品	・電子部品 ・汎用部品	・電子部品 ・カスタム部品
	対象市場	・多様な業種 ・業界のリーディング企業	・多様な業種 ・特定企業
	差別化	・先端製品の早期提供にて，顧客の新製品早期投入を支援	・提案とカスタマイズにて，顧客の目指す製品の具現化を支援
各業務の特徴	研究開発	・基礎研究重視	・応用研究重視
	設計	・先端技術の活用 ・すり合わせ型	・枯れた技術の利用 ・組み合わせ型
	生産設備	・内部製作 ・専用設備	・外注と内製の安い方 ・汎用設備
	生産	・自社工場での生産 ・国内重視 ・見込み生産寄り	・外注中心 ・海外も活用 ・受注生産寄り
	営業	・技術の先端性をアピール	・顧客製品におけるニーズを把握

2-1　業務の最適な組み合わせを考える

　Quiz10.5の鮮魚チェーンの事例を説明します。この鮮魚チェーンは，角上魚類という新潟の会社で，関東等に22店舗を展開しています。ここ数年は増収増益を続けている優良企業です。鮮度の良さ，魚類の豊富さ，価格の安さすべてで消費者の評判が高く，さらに驚くべきことは廃棄率の低さです。業界平均が5%であるのに対し，それを大きく下回る0.05%しかないのです[10]。こうした実績の背景には，業務上の工夫があります。

　図表10-3における上下のボックスは，業務上のトレードオフです。例えば仕入では，売れ行き状況をもとに各店舗がバイヤーに指示するようにするのか，それとも水揚げされた鮮魚を見てバイヤーが独断で決めるのかというトレードオフが存在します。なお，商品アイテムと商品ラインは「業務」ではありませんが，角上魚類を理解する上では欠かせないため，図表に加えています。

　さて，多くのスーパーや鮮魚店では，店頭での売れ行きにもとづいて仕入商品や仕入量を決めたり，またマグロの刺身などの定番品を計画的に仕入れたりしています。しかし，それでは高値でつかまされてしまうことも少なくありません。消費者のニーズが集中する一方で，それに応じて水揚げ量が増えてくれるわけではありません。また，定番品の水揚げが常に安定しているとも限りません。そのため，ここが角上魚類の大きな特徴なのですが，水揚げされた鮮魚を見てバイヤーが独断で仕入れる魚と量を決めているのです。そうすることで，良い魚を安く仕入れることができます。

　しかし，それではプロダクトアウト的な発想です。そこで必要になるのが，対面販売です。その魚がどのような味なのか，どのように調理すればよいのかわからない消費者に対して，販売員が説明をするのです。当然，説明にはスキルが必要です。そこで角上魚類ではコストの安いパートを使うのではなく，能力の高い正社員を配置しているのです。そ

[図表 10-3] 角上魚類の業務ミックス

商品		業務		
商品アイテム	商品ライン	仕入れ	販売	
定番品を中心に，各商品を適正量揃える	切り身や刺身に特化	水揚げされた鮮魚を見て，バイヤーが独断で決める	対面販売。販売員がいろいろと説明をする	知識はないが，コストが安いパート・アルバイトによるオペレーション
定番品にこだわらず，商品を揃える	寿司，惣菜なども揃える	売れ行き状況をもとに，各店舗がバイヤーに指示する	セルフ販売。お客様に自由に取ってもらう	コストは高いが，知識が豊富な社員によるオペレーション

してそれでも売れ残ってしまいそうになった場合は，店長の判断で，寿司や刺身に調理して売り切る努力をしています。

このように，角上魚類の各業務は，鮮度の良さ，魚類の豊富さ，価格の安さ（それをもたらす廃棄率の低さ）を実現するための，最適な組み合わせになっているのです。

2-2 業務上のトレードオフから選択する

業務の特徴を検討するには，各業務にどのようなトレードオフがあるのかを認識することが効果的です。

●トレードオフの認識

図表 10-4 に，業務上のトレードオフを見つけるいくつかの着眼点を紹介します。これも参考にしつつ，Quiz10.5 の図表のように，各業務における相反する方向性を挙げます。

[図表10-4] トレードオフを見つける着眼点

インプット (情報・人材・設備)		プロセス		アウトプット (業務成果)	
ニーズ重視 ⇔	シーズ重視	社内 ⇔	外注	量 ⇔	質
データ ⇔	経験	分業 ⇔	統合	高品質・ 高コスト ⇔	低品質・ 低コスト
最新技術 ⇔	旧来技術	先行 ⇔	遅行	大量 ⇔	少量
高い能力・ 高コスト ⇔	低い能力・ 低コスト	計画性 ⇔	柔軟性	正確 ⇔	迅速
個人 ⇔	チーム	バッジ処理 ⇔	リアルタイ ム処理	部分最適 ⇔	全体最適
機械系 ⇔	人間系	大ロット ⇔	小ロット	完成・見栄 え ⇔	機能性・実 用性
汎用能力 ⇔	専門能力	マス対応 ⇔	セグメント別		
汎用設備 ⇔	専用設備	標準 ⇔	カスタム		
		プッシュ ⇔	プル		

● **業務特徴の選択**

　全体を俯瞰した上で，差別化要素を起点にしていずれかの特徴を選択します。ここで重要なことは，第3章の「差別化戦略の策定」と同じです。トレードオフの両方を追求しようとすれば，どちらつかずになってしまいます。もちろん両立を目指すことは大切ですが，繰り返しますが，それは努力です。スタンスを明確にすることが戦略です。

3 外注先との取引スタンスの検討

　外部企業に委託すると決めた業務については，外注先のマネジメントが必要になります。細かいことは，購買業務の専門書に譲ることとして，ここでは1つだけ説明します。市場取引か戦略的提携かというスタンスを決めるということです。

3-1 市場取引

市場取引では，常に2社以上の企業を取引候補先として確保し，その都度，最も良い条件を提示した企業から調達するというものです。極めてビジネスライクな方法です[11]。以下の条件[12]が揃えば，市場取引を用いても大きな問題は生じないでしょう。

<市場取引が可能な条件>
- 複数の供給企業が存在する
- 取引コストが高くない
- 委託する業務の重要度が高くない

3-2 戦略的提携

こうした条件に当てはまらなければ，基本的には自社で手掛けることになります。しかし，どうしても自社で手掛けられない場合は，社外の企業を頼らざるを得ません。その場合は，戦略的提携というスタンスが必要になります。戦略的提携には，業務提携，長期契約，資本参加，ジョイントベンチャー，系列化など，様々な形態があります。

戦略的提携で難しいことの1つは，自社のために相手に特別な投資をしてもらわなければならない場合が多いことです。特別な投資をさせることがなぜ難しいかというと，その投資は簡単には他の用途に転用できません。そのため，相手企業は簡単には投資に踏み切れません。万が一途中で梯子を外された場合は多大な損害を被るからです。

Quiz10.4で取り上げた，ボーイングと東レの戦略的提携もそうでした。2006年にボーイングが炭素繊維の供給メーカーを東レに決めるにあたって出した条件の1つは，米国にも生産拠点を設けることでした[13]。しかし炭素繊維工場の設立は，その後の取引における東レの交渉力を弱めます。ボーイング以外に炭素繊維を大量調達する企業はないため，

ボーイングが値下げを要求したら呑まざるを得なくなってしまうからです[14]。理屈では，変動費分の価格まで値引きされてしまいます。しかし，東レにとってはそのような心配は不要でした。ボーイングは，16年にわたって推定1兆円もの炭素繊維を東レに独占供給させるという，破格の契約を用意したのです。

相手に特別な投資をしてもらうためには，このような配慮によって協力を引き出す必要があります。

4 業務間フィットの検討

最後に，ビジネスシステム全体を俯瞰した上で，フィット感のない箇所を修正します。このときも，見える化が役立ちます。例えば，**図表10-5**のような方法で全体像を描くことがよいでしょう。

この表現方法は「活動システムマップ」と呼ばれ，ポーターによって考案されたものです[15]。ただし，作図方法は一切説明されていません。経験から得た作図上のポイントは，第3章で定義した差別化要素を実現するための中核特性を中心付近に配置し，その他の業務特性をその周辺に配置していくというものです。この作図の過程で，活動間の齟齬が見つかることもあります。そうした箇所を修正していきます。

なお，作図よりも難しいことが実践です。この活動システムマップの具現化は，一朝一夕ではできません。何年もかかり，また必要に応じて微修正を繰り返さなければなりません。ただし，これが完成すれば，競合企業の模倣を退ける強力な武器になります。

[図表 10-5] 村田製作所とロームの活動システムマップ

村田製作所

- 先端技術を用いた新製品で競争を回避し，顧客の製品開発スピードに寄与することで高い利益率を得る。

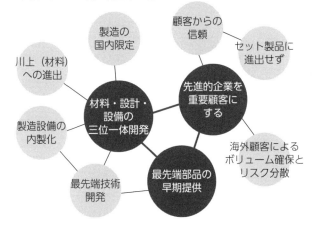

ローム

- 大手が小回りが利かないカスタマイズ市場で競争を回避しつつ，枯れた技術を使うことで投資額を抑制して，利益を得る。

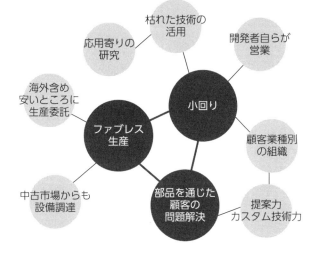

第10章 まとめ

- [ ] 本章では企業内部に視線を移し，戦略を実現するためのビジネスシステムを取り上げる。そしてそれは，内部化・外部化の検討，業務特徴の選択，外注先との取引スタンスの検討，業務間フィットの検討という4ステップで設計する。

- [ ] 内部化・外部化の選択は，効果と効率から考える。つまり，差別化の源泉になる業務は内部で手掛け，そうでない業務はコストが低い方を選択する。それ以外の判断基準には，主要業務との整合性や，将来のための学習などがある。

- [ ] 各業務特徴の検討は，それぞれの業務に存在するトレードオフを見つけることから始める。その上で，戦略を実行するための最適な組み合わせを考える。ここでもスタンスを決めることが重要であり，どっちつかずでは上手くいかない。

- [ ] 外注先との取引スタンスには，市場取引と戦略的提携がある。複数の供給企業が存在し，取引コストが高くなく，そして委託業務の重要度が高くない場合は，市場取引が適している。そうでない場合は，業務提携や長期契約，資本参加，ジョイントベンチャーなどの戦略的提携を考えた方がよい。

- [ ] 最後にビジネスシステム全体を俯瞰した上で，フィット感のないところを修正する。一朝一夕ではできないことだが，完成すれば競合企業の模倣を退ける強力な武器になる。

【注】

1 井上達彦によれば,ビジネスシステムはその捉え方が未整理のまま複数の方向に展開しているという。そこで恐らく日本で最初に体系的に説明した伊丹敬之と加護野忠男が示した要件,すなわち①分業関係の構造の決定,②情報・モノ・カネの流れの仕組みの設計,③調整と規律のメカニズムの工夫を拠り所に,他の文献も参考にして作成した。

井上達彦(2010)「競争戦略におけるビジネスシステム概念の系譜:価値創造システム研究の推移と分類」早稲田商学(423):539-579。

伊丹敬之・加護野忠男(1989)『ゼミナール経営学入門』日本経済新聞社。

2 著者による分類。

3 David Besanko, David Dranove and Mark Shanley (2000) *Economics of Strategy, 2nd Edition*, John Wiley & Sons. [奥村昭博,大林厚臣監訳(2002)『戦略の経済学』ダイヤモンド社。]

4 社内業務との相互依存性が高ければ,外部化後にも頻繁な指示や相談が必要になる。人材戦略機能は社内に残しつつ福利厚生や給与計算業務を外部化している人事部門や,経営判断につながる管理会計機能は社内に残しつつ経費処理や出張精算業務などを外部化している経理部門は少なくないが,これらの業務はあらかじめ決めた手順に則って決められたアウトプットを出してもらえばよいので,他の業務との相互依存性が低いことも一因である。

5 Ronald H. Coase (1937) The Nature of the Firm, *Economica*, 4 (16): 386-405.

6 坂本雅明(2004)「成長企業の戦略分析」『創研レポート』特別号:47-61。

7 David J. Collis and Cynthia A. Montgomery (1998) *Corporate Strategy: A Resourse-Based Approach*, McGraw-Hill. [根来龍之・蛭田啓・久保亮一訳(2004)『資源ベースの経営戦略論』東洋経済新報社。]

8 石井淳蔵・奥村昭博・加護野忠男,野中郁二郎(1985)『経営戦略論』有斐閣。

9 ソニー株式会社ホームページより。

10 角上魚類株式会社ホームページより。

11 アームズ・レングス取引ともいう。これは自律的な複数の企業が,お互いに手が届く範囲という公平な立場で取引をすることを意味する。

12 著者による分類。

13 佐藤浩実(2014)「東レがボーイング787で見た景色」『日経ビジネス』(電子版)2014年1月16日。

14 このように,特定用途にしか使えない資産を関係特殊資産という。また,この資産の特殊性を理由に交渉上不利に立たされることを,ホールドアップ問題という。

15 Michael E. Porter (1996) What Is Strategy?, *Harvard Business Review*, 74 (6): 61-78. [DIAMONDハーバード・ビジネス・レビュー編集部訳(2011)「新訳 戦略の本質」『DIAMONDハーバード・ビジネス・レビュー』36 (6):60-89。]

ケーススタディ：生地商社（5）　ビジネスシステムの設計

一通りの戦略が検討された。ただし，決めただけでは実現はできない。効果的に実行するためにビジネスシステムを構築しなければならない。

●設　問

あなたの会社のビジネスシステムは生地事業をベースにしたものであり，製品事業に適しているとはいえない。製品事業への本格進出を決めたこの段階で，製品事業独自のシステムを構築することにした。

手元にある情報は，各業務のオプションである（図表C-13）。これは，OEM供給に携わっていたメンバーと一緒に検討したものだ。各オプションはトレードオフになっており，両方を追求することはできない。たとえできたとしても，軸足はどちらかにおかなければならない。

これまで決定した戦略との整合性や業務間の整合性を考慮し，図表C-14にて各業務における軸足の置き方を決めていただきたい。

[図表C-13]　業務特徴の代替案

段階		業務特徴（代替案）	考慮すべき要素
素材開発・調達	生地の開発	・多様なパートナーとの連携で開発 ・少数のパートナーとの連携で開発	・糸メーカーそれぞれには得意分野があり，多くの糸メーカーとの接点があれば，それだけ多様な機能の生地を開発できる。一方で，密なやり取りによってニーズにあった生地に仕上げるためには，少数のパートナーとの深い連携が必要である。
	生地の在庫	・十分な在庫を持つ ・基本的には在庫を持たない	・在庫があればすぐに生産着手ができるため，リードタイムが短くなる。一方で，在庫を持てば金利負担が発生し，減耗や流行遅れによる廃棄ロスなども生じてしまう。

段階		業務特徴（代替案）	考慮すべき要素
デザイン	デザイン	・自社デザイナーによるデザイン ・外部デザイナーとの提携	・内部の人材を育成すれば、業務上の柔軟性が高まる。一方で、固定費を抱えることになり、閑散期には利益を圧迫する。外部のデザイナーを使えば、必要なときに必要な能力を持つ人を調達できる。
製品生産	生産ロット	・多頻度・少量 ・少頻度・大量	・生産頻度が多ければ、大量に生産することができない。一方で、生産タイミングを絞り込めば大量に生産できる。多頻度・少量生産であれば、需要変動に柔軟に対応できるが、少頻度・大量生産のように規模の経済が働かず、生産コストは高くなる。
	生産工場	・多くの縫製工場に委託 ・関係の深い限られた縫製工場に委託	・発注できる縫製工場を多く持っていれば、その都度で最適な工場を選ぶことができ、また競争原理を働かせることで調達コストを下げることができる。その反面、優良な縫製工場を囲い込むことはできず、計画変更や仕様変更に対する柔軟性も欠ける。
	発注タイミング	・半年前の一括発注 ・随時の発注	・半年前に発注すれば、縫製工場もスケジュールを立てやすく、納期遅れがなくなる。それだけでなく、調達コストも安くなる。一方で、随時の発注にすれば調達コストが上昇し、また必要な時期に納品が間に合わないリスクも生じる。ただし、柔軟性が高まる。
営業・マーケティング	営業主体	・代理店 ・自社営業	・総合商社系の子会社で、アパレルメーカーへの製品供給に強い代理店がある。そこを経由するという方法もある。一方で、仲介が入れば、それだけこだわりに部分を訴求する力が低下してしまう。
	プロモーション	・プル型 ・プッシュ型	・エンドユーザーに訴求し、エンドユーザーに声を上げてもらうことで、アパレルメーカーからの発注を増やそうというものがプル型である。プッシュ型とは、従来どおり営業担当者がフローリアに対する販売促進活動をするものである。

[図表 C-14] 業務特徴の選択肢

素材開発・調達		企画	製品生産			営業・マーケティング	
生地の開発	生地の在庫	デザイン	生産ロット	生産工場	発注タイミング	営業主体	プロモーション
多様なパートナーとの連携で開発	十分な在庫を持つ	自社デザイナーによるデザイン	多頻度、少量	多くの縫製工場に委託	半年前の一括発注	代理店活用	プル型
少数のパートナーとの連携で開発	基本的には在庫を持たない	外部デザイナーとの提携	少頻度、大量	関係の深い限られた縫製工場に委託	随時の発注	自社営業	プッシュ型

242 第5部 ビジネスシステム

解　説

ケースの目的

　ケーススタディ（5）は，戦略を遂行するためのビジネスシステムの設計方法を理解することが目的です。内部化・外部化の検討，および業務特徴の選択ができるケースを作成しました。

ケースの解説

　これまで策定した戦略をふり返ると，市場戦略では，素材提案や納入頻度の高さで差別化することを決めました。また競争・協調戦略では，糸メーカーとの連携による機能性生地開発やフローリア生産部門との連携によるコーディネート提案，生地のブランディングによるエンドユーザーへの訴求に取り組むことを決めました。そして利益モデルの検討では，価格プレミアムと変動費型の利益構造を選択しました。

　これらの戦略を実現するための業務特徴の組み合わせを検討すれば，図表C-15のようになると考えます。その理由は図表C-16の通りです。

[図表C-15]　業務特徴の選択結果

素材開発・調達		企画	製品生産			営業・マーケティング	
生地の開発	生地の在庫	デザイン	生産ロット	生産工場	発注タイミング	営業主体	プロモーション
多様なパートナーとの連携で開発	十分な在庫を持つ	自社デザイナーによるデザイン	多頻度，少量	多くの縫製工場に委託	半年前の一括発注	代理店活用	プル型
少数のパートナーとの連携で開発	基本的には在庫を持たない	外部デザイナーとの提携	少頻度，大量	関係の深い限られた縫製工場に委託	随時の発注	自社営業	プッシュ型

[図表 C-16] 業務特徴の選択理由

段階	業務特徴 (選択結果)	選択理由
生地の開発	・少数のパートナーとの連携で開発	・素材で圧倒的な差別化を図るためには、糸メーカーにも特別な投資をしてもらわなければないこともあり、戦略的提携が欠かせない。
生地の在庫	・十分な在庫を持つ	・製品レベルでの在庫は流行遅れによる廃棄ロスのリスクがあるが、生地レベルではそのリスクは大きくない。大量生産によるコストダウンと、在庫化による製品開発リードタイム短縮を目指すべき。
デザイン	・外部デザイナーとの提携	・難しい選択である。確かに、製品事業はデザイナーが競争力の源泉になる。脇定が高い評価を得ているのも、デザイン専門部門の存在も一因だろう。とはいうものの、営業部門とはマネジメント方法が異なるために別部隊を設けなければならないが、まだ組織化できるほどの仕事量はない。そこで、当面は外部デザイナーと提携し、製品事業の拡大が見えてきた段階で、内部化した方がよいと考える。
生産ロット	・多頻度・少量	・フローリアが目指している年8回の新商品投入サイクルに貢献するためには、多頻度・少量生産でなければならない。
生産工場	・関係の深い限られた縫製工場に委託	・フローリアの戦略に貢献するためには、競争原理による調達コスト低減よりも、柔軟性を選択すべきである。
発注タイミング	・随時の発注	・フローリアの年8回の新商品投入サイクルを考えると、半年前の発注は不可能である。
営業主体	・自社営業	・代理店を使う理由は見つからない。カットソーの専門性と素材へのこだわりを伝えるためには自社営業にすべきである。また、今後製品事業を強化するためにも、ODM受注の営業方法を学習しておく必要がある。
プロモーション	・プル型	・上記の選択理由とやや矛盾するが、競争・協調戦略として講じる「生地のブランディングとエンドユーザーへの訴求」を実行するためには、プル型に取り組まなければならない。

事項索引

英数

- 3C・3C分析 ……… 85, 30, 31, 44, 46, 64, 85, 96, 125, 126
- 5つの競争要因 ………………… 36, 49, 126
- CS調査データ ………………………… 80
- CSポートフォリオ分析 ……………… 81, 84
- PEST分析 ……………………………… 21
- SWOT分析 …………………………… 9, 13, 14

あ

- 悪魔の代理人 …………………………… 44
- アナロジー法 …………………………… 42
- 意思決定バイアス ………………… 43, 44
- インストールベース ……………… 137, 210
- オープン戦略 ………………………… 157

か

- 買い手の交渉力 …………………… 39, 49
- 外部化のメリット …………………… 226
- 価格弾力性 …………………………… 190
- 価格プレミアム ……… 188-190, 194, 216
- 課金制度 ……………………………… 204
- 確証バイアス ………………………… 43
- 過剰品質 ……………………………… 104
- 仮説検証 ……………………… 18, 43, 45
- 価値曲線・価値曲線分析 …… 77, 78, 87, 111, 118
- 価値創出 ………………………… 148, 175
- 活動システムマップ ………………… 236
- 可用性ヒューリスティック …………… 43
- 機会に乗じる ………………… 6, 7, 12
- 規格間競争 …………………… 181, 191
- 規模の経済性 ……… 102, 173, 174, 179, 190, 226
- 規模の不経済 ………………………… 174
- 基本戦略 ……………………………… 72
- 基本的価値 …………………………… 101
- ギャップ ………………………… 15, 16
- 業界内競争の激しさ ……………… 36, 49
- 業界俯瞰図 ……………………… 127, 162
- 供給業者の交渉力 ………………… 38, 49
- 供給制約 ……………………………… 191
- 競合・市場分析 ……………………… 81
- 競合分析 ……………………… 18, 81, 115
- 競争・協調戦略 ……………… 126, 128, 142
- 競争戦略 ……………………… 124, 125, 129, 143
- 協調戦略 ……………………… 142, 153
- 業務間フィット ……………………… 236
- 業務提携 ……………………………… 235
- 業務の卓越性 ………………………… 105

- クローズド戦略 ……………………… 157
- クロスライセンス …………………… 147

- 経営管理シナジー …………………… 177
- 経営資源アプローチ ……………………… 7
- 経験曲線 ……………………………… 182
- 系列化 …………………………… 149, 235
- ゲーム理論 …………………………… 143

- 顧客経験マッピング …………………… 89
- 顧客選択 ……………………………… 74
- 顧客との密着度 ……………………… 105
- 顧客の学習 …………………………… 137
- 顧客便益 …………………… 19, 40, 45, 85
- コスト・リーダーシップ …… 73, 74, 88, 102, 133, 190
- 固定費型 ……………………… 192-194, 216
- コミュニティ ………………………… 137

コモディティー化 ……………………… 102
コントロール・インパクトマトリクス … 128

さ

差別化・差別化戦略 ……… 72, 74, 76, 80, 88,
　96, 124, 133, 190, 234
差別価格 ……………………………… 196
産業集積 ……………………………… 180
三者間市場 …………………………… 207
参入障壁 …………………………… 37, 38

シェア構造 …………………………… 99
時間軸 ………………………………… 103
事業アイデア ……………………… 14, 18, 45
事業コンセプト …… 19, 30, 40, 44, 45, 72, 85
事業の方向 ………………………… 6, 18, 19, 72
事業の方向性 ………………………… 30
事業目標 …………………………… 45, 46
資産の多重利用 ……………………… 195
市場環境分析 ………………………… 23
市場規模 …………………… 18, 32, 96, 194
市場取引 ……………………………… 234, 235
市場の成長性 ……………………… 33, 96
市場の不確実性 ……………………… 35
市場評価モデル ……………………… 33
市場ポテンシャル …………………… 96
シナジー効果 ……………… 175, 176, 178
シナジーの幻想 ……………………… 177
シナジーのコスト …………………… 178
シナリオ・プランニング …………… 15
支払い余力 …………………………… 34
資本集約的産業 …………… 170, 173, 174
重要成功要因 ………………………… 41
需要の不確実性 ……………………… 194
需要の平準化 ………………………… 197
需要の密度 ……………………… 35, 179
ジョイントベンチャー ……………… 235
情報の粘着性 ………………………… 149
情報のフィルタリング …………… 14, 15

ジョブ・マッピング ……………… 79, 89, 90
ジレットモデル ……………………… 210
陣営間競争 …………………………… 145
新規参入の脅威 …………………… 37, 49

垂直競争 ……………………………… 39
垂直統合 ……………………………… 131
スイッチングコスト ………………… 136
水平競争 ……………………………… 39
スタック・イン・ザ・ミドル ……… 72
ストックオプション ……………… 206, 207

成功報酬 …………………………… 206, 207
生産拠点の密度 ……………………… 180
生産シナジー ………………………… 176
成長市場 ……………………………… 98
製品の革新性 ………………………… 105
設備や装置の非分割性 ……………… 174
ゼロサムゲーム ……………………… 143
先行者優位 …………………………… 182
戦略グループ ………………………… 80
戦略スパン …………………………… 46
戦略的提携 ………………………… 234, 235
戦略の窓 ……………………………… 12
戦略分析 ………………………… 82, 116, 153

損益分岐点 ……………………… 133, 192, 194

た

代替関係 ……………………………… 150
代替品 ……………………… 127, 133, 150
代替品の脅威 ……………………… 39, 49
多角化 ……………………………… 175, 178
妥協コスト …………………………… 178

長期契約 ……………………………… 235
調整コスト …………………………… 178

強みを活かす ………………………… 6, 9

デ・ファクトスタンダード 145
定量化 42
テストマーケティング 190

投資シナジー 176
独占禁止法 49, 126
ドミナント戦略 180
取引コスト 226, 227
トレードオフ 73, 105, 188, 192, 231-234

な

内部化のメリット 226

ニーズの分析 82

ネットワーク外部性 180, 182, 191, 192

は

バリュー・プロポジション 105
バリューネット 143, 144
範囲の経済性 175-177, 179
反トラスト法 49
販売シナジー 176

ビジネスシステム 224
非柔軟性コスト 178
ピボット 45
標準化 74, 147

フェルミ推定 42
プラスサムゲーム 143
フリーミアム 211, 212
ブルー・オーシャン戦略 77

ペイオフマトリクス 128, 165

ペルソナ 76
変動費型 192-195, 216

ポートフォリオ 197, 229
補完関係 150
補完的生産者 127, 150-152, 155, 163
ポジショニング・アプローチ 7, 8, 13
ポジショニングマップ 77, 87

ま

マクロ環境 21
マネタイズ 202, 204, 217

未開拓市場 34, 96, 98, 100
密度の経済性 179, 180

ムーアの法則 155, 212
無形資産 195
無差別曲線 77, 87, 88

や

有形資産 195
ユーザー・イノベーション 149

ら

ライセンス供与 147, 195

リアル・オプション 15
リードユーザー 149
利益モデル 172
リスク 35, 182, 195
リスク分散 147
リソース・ベースト・ビュー 7, 8, 13

労働集約的産業 174

人名・企業名・商品名索引

英数

au ································· 28, 101, 123, 136
DRAM ···························· 95, 104, 130
IBM ························ 46, 122, 130, 157
iOS ································· 157, 181
iPhone ······························ 158, 181
LINE ································ 171, 181
NTTドコモ ······· 28, 101, 123, 136, 152, 196
OPEC ································ 123, 133
SNS ······························ 171, 181, 182

あ

アーム ································ 141, 154
アスクル ························· 17, 222, 228
アップル ························ 131, 157, 229
アマゾン ······················ 16, 153, 222, 228
アメリカン・エキスプレス ········· 171, 177
アンゾフ，H・イゴール ··················· 176
アンドロイド ······················ 154, 157, 181

インテル ···················· 122, 130, 131, 155

ウィアセーマ，フレッド ················· 105
ウィリアムソン，オリバー ················· 227
ウォシュレット ························ 141, 151
ウォルマート ································ 150

オリンパス ························· 202, 204
俺の ································· 197, 198

か

角上魚類 ································ 232, 233

キンドル ································ 16, 17

クアルコム ············ 123, 137, 141, 154, 194
グーグル ············ 122, 132, 154, 157, 181, 182

ゴアテックス ································ 166
コース，ロナルド ························ 226
コカ・コーラ ································ 98
コクヨ ·· 17
コメダ珈琲 ························· 187, 197
コメリ ·················· 70, 74, 75, 77, 85

さ

サイバーエージェント ······················ 12
三愛 ································ 170, 176

シャープ ································ 6, 7
シュミット，エリック ··················· 182

スターバックスコーヒー ········· 28, 34, 98
スリーエム ················ 71, 82, 95, 106

西武百貨店 ·················· 140, 142, 144
セブンイレブン ·········· 148, 171, 179, 180

ソニー ········ 6, 7, 16, 122, 130, 145, 191, 230
ソフトバンク ·················· 28, 123, 136

た

ダイソン ························ 72, 85, 105
玉塚元一 ····································· 46

ディズニー ························· 187, 195
デル ································ 29, 40, 133

東進ハイスクール ······················ 186, 191
東武百貨店 ·················· 140, 142, 144
東レ ································ 223, 235, 236

248

トヨタ ……… 94, 100, 106, 140, 145, 147, 149, 151, 180	ポラロイド …………………………………… 11
トレーシー，マイケル …………………… 105	ポルシェ ……………………………… 186, 188, 189
ドロップボックス ……………… 202, 211, 212	

ま

マイクロソフト ……………… 137, 181, 189, 192
マクドナルド ……………………………… 103

な

永守重信 …………………… 82, 170, 177	マブチモーター …………………………… 70, 73
日本電産 ………………… 71, 82, 170, 177	ムーア，ゴードン ………………………… 155
沼上幹 …………………………………… 178	村田製作所 ……… 222, 227, 230, 231, 237
ネイルバフ，バリー・J ……………… 143	盛田昭夫 ………………………………… 230

や

は

バーニー，ジェイ・B ………………… 40	柳井正 …………………………………… 46
羽生善治 ………………………………… 18	ヤマト運輸 ……………………… 28, 35, 42
原田泳幸 ………………………………… 103	ヤマハ …………………………… 141, 152-154
ヒッペル，エリック・フォン ………… 149	ユニ・チャーム ………………………… 17, 34
フェイスブック ……… 122, 132, 171, 181, 182	ユニクロ ……………………………… 45, 145
フェルミ，エンリコ …………………… 42	吉野家 …………………………… 95, 105, 106
フォルクスワーゲン …………… 186, 188, 189	代々木ゼミナール ………………… 186, 191
藤田晋 …………………………………… 12	

ら

富士フイルム …………………………… 9, 11	ライフネット生命保険 ………… 71, 75, 76
船井電機 ………………………………… 106	リコー ……………………………… 15, 170, 176
ブラザー ……………………………… 16, 152	リッツ・カールトン …………………… 106
ブランデンバーガー，アダム・M …… 143	ルンバ ……………………… 70, 72, 85, 94
ペプシコーラ …………………………… 98	レビット，セオドア …………………… 19
ボーイング ………………… 223, 235, 236	ローム …………………………… 227, 231, 237
ポーター，マイケル・E ……… 36, 48, 72, 73, 143, 150, 178, 236	

索　引　**249**

<著者>
坂本　雅明（さかもと　まさあき）

桜美林大学 ビジネスマネジメント学群 准教授
東京都立大学 大学院ビジネススクール 非常勤講師

1969年生まれ。1992年上智大学経済学部卒業，2005年一橋大学大学院商学研究科経営学修士課程修了，2009年東京工業大学大学院イノベーションマネジメント研究科博士後期課程修了（博士（技術経営））。一橋大学イノベーション研究センター非常勤共同研究員（2005〜2006），東京都立大学大学院ビジネススクール非常勤講師（2012〜），桜美林大学ビジネスマネジメント学群准教授（2020〜）。
1992年NEC入社。NEC総研，富士ゼロックス総合教育研究所（現パーソル総合研究所）を経て現職。大学教員の傍ら，民間企業に対する事業戦略策定や新事業開発支援，次世代リーダー育成，戦略策定合宿の企画・ファシリテーションも行う。2020年一部上場企業の社外取締役・監査等委員に就任。

<主要著書>
『バランス・スコアカード経営実践マニュアル』（中央経済社，2004年，共著）
『技術経営』（学文社，2006年，分担執筆）
『戦略の実行とミドルのマネジメント』（同文舘出版，2015年）

平成28年7月5日　　初版発行
令和7年4月25日　　初版26刷発行　　　　　略称：戦略ガイド

事業戦略策定ガイドブック
―理論と事例で学ぶ戦略策定の技術―

著　者　Ⓒ坂本雅明

発行者　中島豊彦

発行所　同文舘出版株式会社
東京都千代田区神田神保町1-41　〒101-0051
営業（03）3294-1801　　編集（03）3294-1803
振替 00100-8-42935　https://www.dobunkan.co.jp

Printed in Japan　　　　　　　　　　　　DTP：マーリンクレイン
　　　　　　　　　　　　　　　　　　　印刷・製本：萩原印刷
ISBN978-4-495-38671-9

JCOPY〈出版者著作権管理機構 委託出版物〉
本書の無断複製は著作権法上での例外を除き禁じられています。複製される場合は，そのつど事前に，出版者著作権管理機構（電話 03-5244-5088，FAX 03-5244-5089，e-mail: info@jcopy.or.jp）の許諾を得てください。

本書とともに

坂本雅明 著

A5判　198頁
税込 1,980 円（本体 1,800 円）

同文舘出版株式会社